YUHIKAKU

実験から始める
経済学の第一歩

AN INTRODUCTION TO ECONOMICS
THROUGH EXPERIMENTS

著・花木伸行

島田夏美

有斐閣ストゥディア

はじめに

　本書は，参加型の実験を通じて，経済学の基本的概念の学習を促すことを目的とした入門経済学の教科書です。大学の講義は，実験や演習形式のものを除いて，受講生が教員の講義を聴き，ノートを取る，受け身型のものが大半です。一方で，近年，このような受け身型の講義よりも，受講生が，より能動的に学ぶことを意図したアクティブ・ラーニングを取り入れる試みが盛んになっています。本書は，講義中に実験に実際に参加することを通じて，受講生により能動的に，そして，より楽しく効果的に経済学を学んでもらいたいという願いから，筆者の1人が長く自らの講義で取り上げてきた内容を，最新の実験経済学で用いられている技術を利用し，まとめ直したものです。

　実験に参加することを通じて，受講生は，実験が想定している状況で，自分自身で考え，意思決定をする必要に迫られます。その際に，実験では正解はないことを強調しています。まずは，自分で考えてほしいからです。そのうえで，講義では，理論的な考察や実験結果の確認をする前に，複数の受講生に自らの意思決定の理由を説明してもらいます。このプロセスを通じて，受講生は，自ら考え，それを他の人に説明し，かつ，他の人の考えと自分の考えを対比していきます。また，実験によっては，実験中に，それまでの結果に基づいて，自分の考えや行動を変えていくこともできます。実験開始前に考えていたものとは違う途中結果になっていた場合に，それはなぜなのか，そして，次に自分はどうすればよいのかを考える必要が生じます。

　このように主体的に実験が想定している状況を経験することで，その後に提示される理論的な考察に対しても，自らの考えと経験に基づいて接することができるようになります。その結果，あるときは自分の考えと同じなので納得し，あるときは，自分の考えと異なるので，何が違うのかをより深く理解しようと考えることにつながるでしょう。この一連のプロセスから受講生が得られる学びは，あらかじめ深く考えることなく，なんとなく教員の話を聴く受け身型の講義とは，大きく異なることでしょう。

　また，教員にとっても，自らが話すことが中心となる講義とはまったく違う

経験をすることができます。筆者の1人が高校生向けに講義をした際には，「普段の授業では寝てばかりの生徒が，授業のあとに，実験中の自分の戦略を私に詳しく説明してくれたので驚いた」と，担当の先生がおっしゃっていました。自ら考えたこの生徒は，その考えを先生に聞いてほしくて仕方がなかったのでしょう。

私たちは，より多くの方が，本書で取り上げる能動的な学習を通じて経済学に触れることで，経済学の魅力を知ってもらえればと考え，この本を執筆することにしたのです。

また，本書は，単なる入門レベルの経済学の教科書にとどまることなく，この本を読めば，教員であれば実験を用いた参加型の入門経済学の講義を容易に実施できるようになること，学生であれば卒業研究などに実験経済学の手法を用いることができるようになることを目的として，実験経済学の手法を実践的に紹介しています。

実験経済学とは，経済理論の中心的となる仮定や予測に関して，統制された状況下で実験への参加者の意思決定データを収集し，それらを分析することを通じて，理論の検証とさらなる発展につなげる研究分野です。参加者の選好を統制するために，実験の結果に応じた謝金を支払うという点などは，2002年にノーベル経済学賞を受賞したバーノン・スミスの手法を基礎としています。実験室やフィールド，最近ではAmazonなどのWebサービスとも連携させて実験が行われています。また，経済学の講義中に実験を実施し，その結果に基づきながら考察を進めることで高い教育効果が得られることが知られており，近年，実験を自らの講義にも取り入れようとする教員も増えてきています。しかし，既存の実験経済学の教科書や論文の多くは，手法や実験の背後にある理論，そして実験結果の紹介はしますが，実験に使用するコンピュータープログラムや，参加者に配布する実験についての説明文書（インストラクション）そのものを提供するものは少数です。このため，授業などで実験を実施するためには，実験インストラクションや使用するソフトウェアの作成から行う必要があります。このことが大きな参入コストとなり実験経済学を専門としている教員以外，なかなか気軽に実験を取り入れた参加型の講義を実施できない理由となっています。

経済実験の中には，コンピューターを使用せず，紙と鉛筆で実施することもできるものも多くありますが，新型コロナウイルスの影響などでオンライン講義が広く普及しました。オンライン講義では，紙と鉛筆で実験を実施することは難しいです。また，対面型の授業であっても，入門レベルの大人数の講義となるとデータの処理がより簡単な自動化されたシステムが望まれます。このため，本書では，ダニエル・チェンらが2016年に発表したPythonをベースとしたWeb実験システムであるoTree（Chen et al., 2016）を紹介します。このシステムは，実験用のWebシステムを簡単に作れる仕組みですが，Pythonの予備知識やサーバー構築・操作も必要になるため参入コストが大きいです。とくに経済の分野では，プログラミングを授業として実施していない大学も多く，教員でさえプログラムの勉強が必要な現状があります。

　本書では，以上の現状を鑑みて，入門レベルの経済学の講義に合わせた実験の目的と議論の際にとくに注目したい点を述べるにとどまらず，オンライン付録にてoTreeプログラムまであわせて紹介することで，気軽に紹介した実験を発展させることができるような内容としています。

　各章は，主に次の流れで構成されます。はじめに各章でどのような状況を考えるかという導入があり，［実験で考える］というセクションがあります。ここでは，簡単に実験を説明し，教科書内で実験に参加できるようになっています。あなたならどのように意思決定するかを意識して記入してみてください。次に，［理論で考える］です。ここでは，実験が経済理論でどのように表されるかを考え，均衡概念などを学んでいきます。最後に，［実験結果を確かめる］です。授業で実施した結果をまとめています。あなたの意思決定の結果や理論予測とも見比べてみてください。また，理論と現実の乖離を埋めるべく，**Column**において実験や理論が何を表しているかという現実の事例や補足情報を入れています。巻末の「おわりに」には，各章で学んだことをもっと知りたい場合の本の紹介を載せています。

　実験結果は特筆しないかぎり，2022年度の大阪大学の授業（「経済現象を読み解く」，履修登録者200名以上）で実施した結果をまとめています。あわせて，2020年，2021年度の同名授業（一部 z-Tree Unleashed〔Duch et al., 2020〕でも実施），2022年度の関西大学の授業（「基礎からのミクロ経済学」），2022年度の信州

大学の授業（「情報処理 A」）に参加された方々にも深く感謝いたします。提供するプログラムや本の内容は，この本の作成にあたり，授業で実施した内容をよりわかりやすく再編集しています。この本に掲載した内容は oTree や Google Forms にて取得しました。授業での実施のため途中で離脱したり，口頭での補足や同じ実験を数回実施したり，コンピューターや筆者が参加した実験データなども入っている場合があります。意思決定理由などのコメントについても，句読点の追加など，最小限の対応をしています。

　この本が完成したのは，有斐閣の編集部の渡部一樹さんのおかげです。企画段階から，多くの助言を頂戴いたしました。本当にありがとうございます。また，プログラムの作成，テスト，データのチェックなど，大阪大学社会経済研究所で研究補助を務めてくれた大学院生のみなさん（とくに，Elizaveta Kugaevskaia さん）には多くのご協力をいただきました。実験の解釈やグラフの作成，プログラムのテスト等に際しては，舛田武仁さん（信州大学），そしてそのゼミ生にもご協力をいただきました。プログラムの作成には，三上亮さん（信州大学）にもご協力いただきました。さらに，室岡健志さん・下平勇太さん・謝梓君さん・幡生あすかさん（大阪大学），段杰一さん（京都先端科学大学），石川竜一郎さん（早稲田大学），栗野盛光さん（慶應義塾大学），橘髙勇太さん（一橋大学），竹内あいさん（立命館大学），芹澤成弘さん（大阪経済大学），大阪大学社会経済研究所のスタッフのみなさんからもコメントや手厚いサポートをいただきました。このほかにも支えてくださったすべての方々へ感謝いたします。また，いつも支えてくれている家族や周りの方々にも心より感謝します。

　最後になりますが，この本を手に取ってくださったみなさんは，経済学・実験を学びたい，意思決定や市場設計に興味がある，実験経済学を活用して授業をしたい，興味ある実験結果を見て研究を進めたい，理論と現実の乖離を埋めたいなど，目的はさまざまだと推察します。手に取ってくださったみなさんにも深く感謝するとともに，この本が "さまざまな" **実験から始める経済学の第一歩**の手助けになればうれしく思います。

　2023 年 10 月

花木伸行・島田夏美

┌─ インフォメーション ─────────────────────────────┐

●**各章の構成**　　各章は主に［実験で考える］［理論で考える］［実験結果を確かめる］の順で学べるように構成されています。また各章には，実験，実験の結果，意思決定理由，Column（コラム），SUMMARY（まとめ），EXERCISE（練習問題）が収録されています。

●**キーワード**　　本文中の重要な語句および基本的な用語を**ゴシック体**にして示し，注意深く読むべきところに下線を付けました。

●**文献案内**　　巻末の「おわりに」に，本書で紹介した内容をより深く学ぶための文献をリストアップしました。

●**参考文献**　　巻末に，本文中で参照された書籍や論文などを一覧にして掲載しています。本文中では，著者名，刊行年の順で省略して表記しています。例：池田（2012），（池田，2012）。

●**索　　引**　　巻末に，用語を精選した索引を用意しました。より効果的な学習にお役立てください。

●**ウェブサポートページ**　　本書で用いる実験を実施するための手順を説明したオンライン付録，実験のプログラムとサンプルデータ，およびデータ分析用のプログラムなどを掲載しています。ぜひ，ご活用ください。

https://www.yuhikaku.co.jp/books/detail/9784641151178

└──┘

著者紹介

花木 伸行（はなき　のぶゆき）

大阪大学社会経済研究所教授，同研究所附属行動経済学研究センター長

米国コロンビア大学博士課程修了，Ph.D.（経済学）取得。筑波大学専任講師，仏国エクス－マルセイユ大学教授，仏国ニース大学教授等を経て現職。専門は実験・行動経済学。

主な著作：

・『マルチエージェントのための行動科学：実験経済学からのアプローチ』（西野成昭と共著）コロナ社，2021 年

・ "Cognitive Ability and Observed Behavior in Laboratory Experiments: Implications for Macroeconomic Theory," *Japanese Economic Review*, Vol. 71, pp. 355-378, 2020

・ "On the Roots of the Intrinsic Value of Decision Rights: Experimental Evidence," （with João V. Ferreira and Benoît Tarroux）, *Games and Economic Behavior*, Vol. 119. pp. 110-122, 2020

・ "It is not Just Confusion! Strategic Uncertainty in an Experimental Asset Market," （with Eizo Akiyama and Ryuichiro Ishikawa）, *Economic Journal*, Vol. 127, pp. F563-F580, 2017

読者へのメッセージ：本書は，実験に参加することを通じて，みなさんにより楽しく，そして，より効果的に経済学を学んでもらえるよう執筆しました。本書のような参加型の入門経済学の講義が日本中の多くの大学で行われるようになることを願っています。

島田 夏美（しまだ　なつみ）

信州大学情報・DX 推進機構助教，慶應義塾大学経済学部附属経済研究所マーケットデザイン研究センター訪問研究員

筑波大学大学院システム情報工学研究科修了，博士（社会工学）。大阪大学社会経済研究所附属行動経済学研究センター助教等を経て現職。専門は実験経済学，情報処理，マーケットデザイン。

主な著作：

・「経済実験を通じた教育の実践」（舛田武仁と共同執筆），『経済セミナー』2023 年 12・2024 年 1 月号，2023 年

・「車両速度の情報開示におけるドライバー意思決定問題実験」（栗野盛光と共著），『応用経済学研究』第 14 巻，1〜25 頁，2021 年

読者へのメッセージ：数理的なモデルと，人々の行動やその動機とを結びつけて学ぶことができるように執筆しました。経済学を現実へ活用するためにも「実験経済学を使ってみる」という考えを持った方が増えることを願っています。興味を持った題材を探求していっていただければ，うれしいです。

目　次

CHAPTER 1

意思決定　　　　　　　　　　　　　　　　　　　　　　1
個人と相互作用

CHAPTER 4　市場取引 75

行動経済学

第 **1** 章

意 思 決 定
個人と相互作用

イントロダクション

　私たちの生活は選択の連続です。あなたが選択したことによる結果は，あなただけではなく，他の人にも影響を及ぼす場合があります。本章では，選択を意識し，あなただけの場合とあなたの相手がいる場合を考えてみます。選択や考察している状況を経済学ではどのように捉えるのかに関して学習し，経済理論の考え方，そしてその理論的な予測を経済実験という方法を使って検証しながら考えていきましょう。

1 経済学とは

┃資源を配分する┃

　みなさんは，経済学とはどのような学問だと思いますか？　どうやったら，

よりたくさんお金を儲けることができるかを考える学問だと思っている方もいるかもしれませんし，世の中のお金の流れを考える学問だと思っている方もいるかもしれません。実は，経済学とは，世の中の希少な資源をどのように配分するのかを考える学問なのです。資源＝お金と思う方もいるかもしれませんが，ここでいう資源とは，お金だけではなく，時間（1日24時間をどのように過ごすか）や労働力（誰がどの仕事を何時間働くか），物品の所有権（誰がいくらでどのような方法で所有するか），学校や保育園の入学枠（誰を入学・入園させるか）といったものを含みます。そのため，経済学が考える資源配分問題の対象には，日々暮らしていくなかで関わることの大部分が含まれるといえます。また，1人だけですべてを生産し自給自足的な生活をしている人はごくまれでしょう。商品やサービスを売り買いすることも含めて誰かと関わりあいながら，私たちは生活しています。資源配分を考えるにあたり，社会の中での行動，つまり，自分だけではなく相手がいる場合にどのような行動をするのか，または，行動したらよいのかも考える必要があります。

┃ トレードオフ ┃

希少な資源をどのように配分するのかを考える学問と聞くと，難しく聞こえるかもしれませんが，私たちは知らず知らずのうちに，そのような問題を考えて日々生活しているのです。たとえば，朝何時に起きるか，弁当を持っていくか，どの交通手段で大学にいくか，誰とランチを食べるか，どこでランチを食べるか，何を食べるか，宿題・課題をするか，友人と遊びにいくか等々……私たちの毎日は，複数の選択肢の中からどれか1つを選ぶという意思決定の連続で成り立っているのです。このような意思決定に共通する点はどのようなものでしょうか？

たとえば，大学でどの授業を履修するかという意思決定について考えてみます。ある授業を履修するのであれば同じ時間の他の授業は履修できません。授業の履修に限らず，このように両立することができずに，どちらかを選ぶ必要がある関係性があることを**トレードオフ**（二律背反）といいます。このような状況でどちらを選ぶのかは，それぞれの選択肢を選ぶことから得られる収益と費用（ここでは金銭的な収益や費用だけではなくて，金銭以外の満足度や心理的負担を含

むより広い意味で収益や費用という言葉を用いています）を比較したうえで，決定されることでしょう。また，この収益や費用は，友人が同じ授業を履修するかどうかといった，自分以外の人の意思決定にも依存することもあるでしょう。このように，経済学は，私たちの意思決定とその結果生じるさまざまな現象を考える大変身近な学問なのです。

 ## 本書の構成

　本書では，まず本章であなた1人だけで完結する個人の意思決定の実験と，あなた1人だけではなく他の人とも関連しあう（つまり，自分と他の人の意思決定に相互作用があるような）実験を考えます。本章と第2章では，相手が1人（2人1組）の場合から始め，第3章では，より多くの人が相互作用する状況も考えます。そして，第4章では，1人ひとりの意思決定の結果から**市場**が形成されていくことを学んでいきます。第5章と第6章では，市場実験を発展させて，政府の役割などを学びます。第7章では，経済学での情報について学び，第8章では，生産の意思決定を取り入れた市場の実験を通じて，交易から生じる利益の源泉を学びます。最後に，政策提言などにも活用されている経済学の分野としてマーケット・デザイン（第9章）と行動経済学（第10章）についても触れます。

　実験というと，フラスコやビーカーなどを用いた実験を思い浮かべる方が多いかもしれませんが，経済学での実験で，それらの実験器具が登場することはほとんどありません。経済学における実験では，研究者が設定するさまざまな状況で，人々に意思決定してもらい，そのデータを収集します。

　本書でも，各章で，扱う内容に合わせた参加型の実験と，その実験に関しての理論的な解説を用意しています。みなさんは，それぞれの実験で，参加者として，まずは自分で考えて意思決定をしてください。高校までの勉強のように「これを回答したら正解」という意味での正解はありません。理論的な解説が可能であることからわかるように，ある一定の仮定に基づいた理論的な予測を導出することはできますが，実験の結果が理論的な予測通りになる場合ばかり

Column ❶-1　ミクロ経済学とマクロ経済学

　経済学は大きく，**ミクロ経済学**と**マクロ経済学**の２つの分野に分けられます。ミクロ経済学は，個人や企業，政府など個々の意思決定主体の行動や，それらの意思決定主体が相互作用する際の行動とその結果を分析する分野です。一方で，マクロ経済学は，経済成長や失業率，金融・財政政策の影響といった，国や世界レベルで集計された経済活動に関して分析する分野です。学問における分析は，地図と同様，現実を抽象化したものです。目的によって，縮尺の異なった地図を用いるように，経済学でも，分析の目的に応じて，ミクロ経済学的な視点から分析するのか，マクロ経済学的な視点から分析するのかが変わるのです。

　このように，分析の対象の違いで大きく分けられてはいますが，マクロ経済学の対象としている国レベルの経済活動とは，ミクロ経済学が対象としている個々の意思決定が集計されたものであることには留意してください。そのため，たとえば，政府の財政政策の影響を考えるにあたっては，それが個々の意思決定にどのような影響を与えうるのかを考えることが必要になります。財政政策によって消費者の所得が変化して，消費行動が変化するのであれば，その消費者の行動の変化を考慮して企業も行動を変化させるでしょうし，さらに企業の行動の変化を考慮して消費者はさらに行動を変化させるといった相互作用の連鎖の結果として政策の影響が決まります。したがって，マクロ経済学のように，より大きな視点で政策の効果などを分析する際にも，これらの背景には個々の経済主体の意思決定があることを意識しておきましょう。

ではありません。

　実験では，回答の記入欄に加えて，みなさんの回答の理由も考えてみてください。いちいち理由を記入するのが面倒で，無記入のまま進みたくなるかもしれませんが，卒業研究でも，就職活動でも，そしてその後，仕事をする際にでも，「どうしてそう考えたのか」を他の人に説明することが多くあります。ですので，そのための練習だと思って自分の意思決定の理由も説明してみてください。そのうえで，理論的な解説を自らの考えと比べながら読んでいただくことで，理解がより深まるでしょう。さらに，実験で扱っている抽象的な状況が，より具体的には世の中のどのような状況を表しているかについても考えてみる

　経済学は，長い間，天文学同様，実験のできない学問分野だと考えられてきました。そのため，経済学研究の大部分は，理論的な分析や，政府などが収集した統計データに基づいた実証分析でしたし，大学の経済学の授業の多くも，それらが中心でした。しかし，20世紀後半からの実験経済学の発展に伴い，現在では，実験は，経済学の主要な分析手法の1つとなっています。近年では，政策の効果を評価する手法として，政策の対象となる地域や人と，対象とならない地域や人を無作為に選んで，対象地域でのみ政策を実施し，結果を比較することで政策の効果を検証するという**ランダム化比較試験**（ran-domized controlled trial：RCT）が用いられることも多くなっています。また，実験室で実施する経済実験では，たとえば，理論が仮定している状況をできるかぎり再現し，その状況における人々の意思決定（行動）に関してのデータを収集し分析することを通じて，理論の検証を行ったり，政府が新しい公共入札の仕組みを導入するにあたって，その仕組みが実際に意図した結果につながるのかを検証したりしています。

ことも大切です。

　本書では，「はじめに」で述べたとおり，筆者が担当した講義で実施した実験結果と参加してくれた学生がどのように考えてその選択をしたかというコメントも載せています。実験結果と理論的な解説の比較を通じて，理論分析で用いている意思決定に関する多様な仮定に関して，その妥当性を考えることもできるでしょう。他の人の意思決定とその理由を知ることでさまざまな視点があることを感じながら，楽しんで読み進めてください。

 # 意思決定とは

　次の2つの選択肢の違いを考えてみましょう。

(1)　ある映画を1人で観に行くかどうか。

(2)　ある映画を友人と一緒に観に行くかどうか。

1つ目は，ある映画を観るかどうかというあなただけの意思決定です。その

結果，映画を観て楽しめたのかどうか，観なかった場合はどうだったか，といった結果につながります。

2つ目は，1つ目と同じような意思決定ですが，今回は相手（友人）がいることに注意してください。あなたが観に行くかどうかの意思決定は，あなたの友人も一緒に行くかどうかに依存するでしょうし，相手の意思決定もあなたが一緒に行くかどうかに依存するでしょう。また，映画を観て楽しめたのかどうかに関しても，最終的に友人と一緒に観たのか，1人だけで観たのかによって変わるでしょう。同様に，観なかった場合にも，自分は観なかったけれども友人は観に行ったのか，または，2人とも観なかったのかによって結果の評価は変わるでしょう。

このように，私たちは，意思決定をする際に他の人の意思決定を考慮せず1人だけで意思決定する場合と，他の人の意思決定も考慮しながら意思決定をする場合があります。

本章では，この2つの種類の意思決定両方の実験を用意しています。まずは，個人の意思決定に関する実験を行い，そのあと，相手がいて，お互いに影響しあう場合の意思決定に関する実験へと進みます。この2種類の実験の間で，自分の意思決定の過程がどのように異なるのかを意識しながら，実験に参加してみてください。すでに述べましたが，実験には正解はありません。自分で考えて，意思決定をしてください。

4 個人の意思決定

実験で考える

それでは，実験を始めます。最初にあなたに投資に使える元手がいくらか与えられるとします。単位は円としましょう。この元手を投資する（選択肢A）か，投資しない（選択肢B）かを選んでみてください。選択肢Bの投資しないを選んだ場合は元手はそのままあなたの手元に残ります。一方で選択肢Aの投資するを選んだ場合は，ある一定の確率に従って，あなたの元手が増えたり減っ

たりします。

実験 1.1：個人の意思決定

　次の 8 つの質問において，（A）投資する，（B）投資しないのどちらかを選び，そしてなぜその選択をしたのかをそれぞれ回答してください。

　1. 元手が 150 あります。A と B のどちらを選びますか？
　　A：投資する：50% の確率で 400 に，50% の確率で 100 になる
　　B：投資しない：150 をそのまま持つ

　2. 元手が 200 あります。A と B のどちらを選びますか？
　　A：投資する：50% の確率で 400 に，50% の確率で 100 になる
　　B：投資しない：200 をそのまま持つ

　3. 元手が 250 あります。A と B のどちらを選びますか？
　　A：投資する：50% の確率で 400 に，50% の確率で 100 になる
　　B：投資しない：250 をそのまま持つ

　4. 元手が 300 あります。A と B のどちらを選びますか？
　　A：投資する：50% の確率で 400 に，50% の確率で 100 になる
　　B：投資しない：300 をそのまま持つ

　5. 元手が 350 あります。A と B のどちらを選びますか？
　　A：投資する：50% の確率で 400 に，50% の確率で 100 になる
　　B：投資しない：350 をそのまま持つ

　6. 元手が 250 あります。A と B のどちらを選びますか？
　　A：投資する：ある未知の確率で 400 に，残りの確率で 100 になる
　　B：投資しない：250 をそのまま持つ

　7. 元手が 2500 あります。A と B のどちらを選びますか？
　　A：投資する：50% の確率で 4000 に，50% の確率で 1000 になる
　　B：投資しない：2500 をそのまま持つ

　8. 元手が 100 あります。A と B のどちらを選びますか？
　　A：投資する：15% の確率で 200 に，85% の確率で 150 になる
　　B：投資しない：100 をそのまま持つ

理論で考える：期待値とリスク態度

《期待値》　最後の質問 8 では，ほとんどの人が選択肢 A の投資するを選んだのではないでしょうか。A を選ぶと投資の結果が 200 と 150 のどちらの場合においても，B の投資しない場合に得られる 100 よりも大きいからです。

投資をするかしないかを決定するにあたって，投資することから得られる利益の**期待値**を考えてみましょう。期待値とは，起こりうるそれぞれの結果（得られる利益）にそれらが起こる確率を掛け合わせたものの和です。確率は物事の起こりやすさだと考えてみましょう。0% だと絶対に起こりませんが，100% は確実に起こるということです。つまり，期待値は投資することから得られる利益の加重平均ともいえます。

期待値の考え方を使うと，最後の質問 8 では，投資すると，元手の 100 が，15% の確率で 200 となり，残りの 85% の確率で 150 となります。このときの期待値は，15%×200＋85%×150＝0.15×200＋0.85×150＝157.5 となります。一方で，投資しない場合は，100% の確率で元手である 100 を得ることができるので，期待値は 100×100%＝100×1＝100 となります。

では，次の練習を手を動かしながら各質問の選択肢の期待値を求めてみましょう。期待値は以降の章でもたびたび登場するので，「掛けて足すだけ」と簡単に捉えて，苦手意識を持たずに，まずは穴埋めから始めましょう。質問 8 は今の説明のとおり穴埋めして，質問 1 から質問 5 の選択肢 A の期待値は同じ値なので同じになるように穴埋めしてみましょう。

練習：期待値

- 質問 1
    A：400×50%＋100×50%＝（　　）
    B：150×100%＝（　　）
- 質問 2
    A：400×（　　）%＋100×50%＝（　　）
    B：200×（　　）%＝200
- 質問 3
    A：（　　）×50%＋100×50%＝250
    B：250×100%＝（　　）
- 質問 4
    A：400×50%＋100×（　　）%＝（　　）
    B：（　　）×100%＝300
- 質問 5
    A：（　　）×（　　）%＋（　　）×（　　）%＝（　　）

B：（　　）×（　　）％＝（　　）
- 質問6
A：未知の確率であるので期待値が計算できない
B：（　　）×（　　）％＝（　　）
- 質問7
A：（　　）×（　　）＋（　　）×（　　）＝（　　）
B：（　　）×（　　）＝（　　）
- 質問8
A：（　　）×（　　）％＋（　　）×（　　）％＝（　　）
B：（　　）×（　　）％＝（　　）

　ここで，質問6では，投資する場合は，元手がある未知の確率で400に，残りの確率で100になるとなっています。このように起こりうる結果はわかっている一方で，それらが起こる確率がわからない状況を**不確実性**を伴う状況といいます。この場合は，確率がわからないので，期待値も計算できません。

　一方で，それ以外の質問は，起こりうる結果とそれぞれが起こる確率がわかっています。このような状況を**リスク**を伴う状況といいます。リスクというと危険というような言葉を思い浮かべ，悪い状況が起こるようなイメージがあるかもしれませんが，経済学では一般的に良いことも悪いことも含めて何かしらの結果が確率を伴って起きる状況を指します。**表1.1**に正解を載せていますので，自分の計算結果と比較して確認してください。

《リスク態度》　　質問1から質問5では，選択肢Aの期待値はすべて同じ250になっています。一方で，選択肢Bの期待値は変化します。質問1と質問2では，選択肢Aの期待値の方が選択肢Bの期待値よりも高く，質問3で両者は同じになり，質問4と質問5では，選択肢Bの期待値の方が選択肢Aのそれよりも高くなっています。

　あなたの選択は，質問1から質問5の順番で，たとえばAABBBやAAAABといったように，Aから始まって，どこかでAからBにスイッチしているのではないでしょうか。どこでAからBにスイッチしたのかで，あなたの**リスクに対する態度**（リスク態度）を計測することができます。質問1と2

	A 投資する	B 投資しない
質問 1	250	150
質問 2	250	200
質問 3	250	250
質問 4	250	300
質問 5	250	350
質問 6	—	250
質問 7	2500	2500
質問 8	157.5	100

ではAを選び，期待値が選択肢AでもBでも同じ250の質問3でもAを選択した人あるいはBに替えた人，すなわちAAABBまたはAABBBを選んだ人は**リスク中立的**であるといわれます。リスク中立的な人は，期待値が大きい選択肢を選びます。

　ここで立ち止まってみましょう。**実験1.1**であなたの知り合いの全員があなたと同じ回答をすると思いますか？「違う」と思うのであればなぜ違うのでしょうか？　その1つの回答として「1人ひとり性格や考え方が違うから」があげられます。この性格や考え方をある程度分類できるのが**個人特性**と呼ばれるものになります。リスク態度も個人特性の1つです。

　リスク態度は主に，3つに分類することができます。上述のリスク中立的以外には，リスク回避的とリスク愛好的があります。ABBBBまたはBBBBBのように，質問1や質問2で，期待値がより低い選択肢Bを選んだ人は，選択肢Aの持つリスクを避けて，期待値が低い選択肢Bを選んでいるので，**リスク回避的**であるといわれます。逆に，AAAABまたはAAAAAのように，質問4や質問5で，期待値がより低く，かつ，リスクを伴う選択肢Aを選んでいる人は，リスクを避けるのではなく，逆に期待値が低くても好んでリスクを伴う選択肢を選んでいるため，**リスク愛好的**であるといわれます。

　みなさんの中には，ABABAというように，質問1から質問5にかけて，AとBの間を何度も行ったり来たりした人もいるかもしれません。このような人のリスクに対する態度はこの方法ではうまく測れないのですが，研究者によ

栗野・島田（2021）においても，リスク態度も含めて個人の意思決定を測定しました。この研究では**実験 1.1** のように A または B を選ぶ方法ではなく，クロセットとフィリピンが 2013 年に発表した論文（Crosetto and Filippin, 2013）の方法をもとにしています。10×10 の計 100 個の箱があり，そのうちの 1 つに爆弾が隠されているとします。1 秒ごとに箱を 1 つずつ集めていき，その集めた箱の分，ポイントが加算されます。しかし，爆弾の入っている箱を集めてしまったら 0 ポイントになるという実験です。さて，みなさんはいくつ箱を集めますか？

このほかにも，一定額の元手の中から，50% の確率で投資額が 2.5 倍になって戻ってくる一方，残り 50% の確率で投資額が全額失われるようなくじに投資するのかを聞く投資実験（Gneezy and Potter, 1997）など，リスク態度を測定する実験手法はいくつか提案されています。ただ，理論的には，同様にリスク態度が測定できるはずのこれらの実験手法が，実際には，実験手法によって結果が大きく異なることも近年知られるようになりました。この問題は，リスク態度抽出パズル（risk elicitation puzzle）と呼ばれています。詳しくは，ペドロニらが 2017 年に発表した論文（Pedroni et al., 2017）やホルツメイスターとステファンが 2021 年に発表した論文（Holzmeister and Stefan, 2021）を参照してください。

っては，A を選んだ回数が 2 回未満であればリスク回避的，4 回以上であればリスク愛好的と分けることもあります。

金融機関が，顧客がどの程度リスクを取ることを許容できるのかを把握したうえで，金融商品を紹介しているように，人々のリスク態度などの個人特性を把握することで，人々の行動をよりよく理解できるようになります。

実験結果を確かめる

みなさんは，それぞれの状況下でどのような理由でどちらを選ばれたでしょうか？ 他の人の選択の結果をまとめた**図 1.1**，**図 1.2** とも見比べてみましょう。繰り返しますが，正解はありません。自分と他の人の意思決定の違いを見てみましょう。結果を見比べながら「なぜ？」と思う箇所があるかもしれませ

ん。今回の実験に限らず，そのようなちょっとした「なぜ？」があなたの今後の研究や将来の意思決定の基礎となることもあります。不思議に思った箇所や気になった箇所は，「なぜ，そのように思ったのか」という理由と一緒に書き留めておくとよいでしょう。

意思決定理由：個人の意思決定

- 質問6 不確実性のある状況

  A：未知の確率が90%で400になるかもしれないから。確率がわからなくても挑戦したくなる。

  A：賭けたほうが楽しいから。

  B：未知の確率に対して，投資するのは賢明ではないと思うから。

  B：未知の確率にかけるより安全なほうを選びたいと思ったから。

- 質問7 スケールが大きくなった状況

  A：50%の確率で2500が4000になるのは魅力的。

  A：賭けたい。

  B：量が大きいため，損失した場合の影響が大きいから。

  B：損をしたときのリスクが大きいから。

- 質問8 確実にAを選ぶことで得することができる状況

  A：必ず増えるから。

  A：絶対得するから。

  B：増える確率があまりにも低いと考えました。

  B：必ず増加するという点でリスクがなく魅力的な投資であるが現実的にそのような話は考えにくく後々に大きく減少するなどの恐れを感じるため。

　質問6でも投資をすることから得ることができるのは，400か100で，元手と投資の結果として得られる金額だけを見ると，質問3と同じです。ただ，投資をした際に400か100となる確率がわかりません。このように，不確実性のもとでの意思決定では，リスクのもとでの意思決定と比較して，より安全な選択肢を選ぶようになることが知られています。

　質問7は，質問3の値を10倍にした状況です。一般的に，質問7のようにより大きな金額を伴った意思決定では，人々がよりリスクを回避しようと「投資をしない」を選ぶ傾向があることも知られていますが，今回はそのような結果は出ていないことがわかります。授業での実験においては，1～5はコンピューターの同じ画面で聞いていて，実験6～8はそれぞれ別の画面です。その

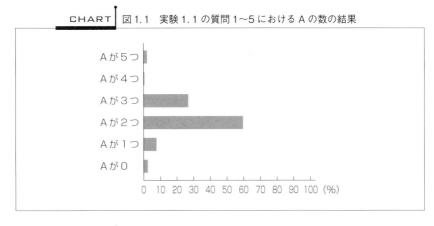

CHART 図1.1 実験1.1の質問1〜5におけるAの数の結果

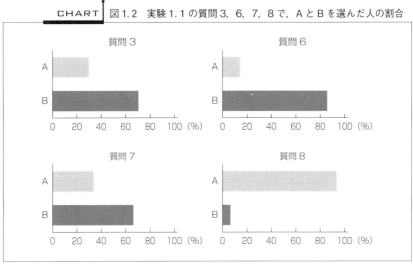

CHART 図1.2 実験1.1の質問3, 6, 7, 8で, AとBを選んだ人の割合

ような聞き方の違いの影響があるかもしれません。

　質問8では，投資するを選んだ方が絶対に得をする状況ですが，投資しないを選んだ人もいることが読み取れます。参加者がなぜその選択をしたのか，その理由を探ることで，参加者の行動プロセスをより深く分析することにもつながります。

　私たちの日常には，質問6のように，起こりうる結果はわかっていても，それらが発生する確率はわからない不確実性を伴う状況での意思決定が数多くある一方，それ以外の実験のように，それぞれが発生する確率までわかっている

リスクを伴う状況での意思決定はあまりないように感じるかもしれません。さらには，起こりうるすべての結果さえもわからない状況での意思決定も多くあるでしょう。たとえば，自転車保険や，自動車の任意保険の加入を考える際には，自分が事故にあったり，事故を起こす確率までは正確にはわからないでしょうし，事故にあった際にどの程度の怪我ですむのかなど，すべての起こりうる結果について，あらかじめわかっていることは少ないでしょう。それでも，あなたの頭の中では，どのようなことが起こりうるのか，そして，それらはどの程度の確率で起こりうるのかをある程度考えて，それらと釣り合うような金額で保険への加入を決定していることでしょう。このような複雑な現実での意思決定を理解するための第一歩として，経済学では，最も単純な状況，つまり，個々人のリスクに対する態度を考慮したうえで，リスクのある状況での意思決定を中心に考察を進めることが多いのです。

⑤ 他人との相互作用がある場合の意思決定

　次に，相手がいる場合について考えていきます。社会の一員として，私たちは日々，他者と関わって意思決定をすることが多いです。いつも意識しているわけではないかもしれませんが，このような状況下ではあなたの選択のみならず，相手の選択によっても結果が変わります。これを簡単な実験を通じて確認してみましょう。

　あなたの選択が相手の受け取る利得に直接的に作用し，相手の選択があなたが受け取る利得にも直接的に作用する，このような状況を他人（相手）との**相互作用がある状況（戦略的状況）**での意思決定と呼びます。他人との明確な相互作用がある状況での意思決定では，相手の動きを予想したうえで自分の行動を決めることが重要になります。たとえば，じゃんけんや将棋などと同じです。このように相手の出方を予想して自分の意思決定を行うという状況を「ゲーム」と捉え，このような状況での意思決定を理論的に考察する枠組みが**ゲーム理論**です。

　ゲーム理論は，1944 年にフォン・ノイマンとオスカー・モルゲンシュテル

		相手	
		Left (L)	Right (R)
あなた	Up (U)	100, 100	10, 150
	Down (D)	150, 10	50, 50

ンが発表した著書『ゲームの理論と経済行動』で誕生した経済学の分野の1つです。フォン・ノイマンは数学者でもあり，コンピューターの開発への貢献から情報学の分野でもその名前が知られています。ゲーム理論の登場によって，それまでの経済学ではあまり分析されてこなかった他人との直接的な相互作用がある状況の分析ができるようになりました。

　ゲーム理論は最近では，経営，政治，教育，医療や環境問題，さらには恋愛の分析までさまざまな分野に応用されています。それらは人々の行動の理解に関連する分野であり，ゲーム理論が分析する相互作用する状況に該当するからです。

利 得 表

　ここでは，相手が1人であるような状況，つまり，あなたと誰かがペアになる2人1組の状況を考えます。その相互作用の状況を簡潔に表すために，表1.2で示されているような**利得表**を導入します。

　利得表は，**プレイヤー**，それぞれのプレイヤーの持つ**戦略**，それぞれの戦略の組み合わせに対応した**利得の組み合わせ**の3つから成り立っています。

　それでは，表1.2を見ながら，利得表の3つの要素を確認しましょう。

《プレイヤー》　　意思決定を行う主体です。ここではあなたと相手です。授業や実際の実験ではあなたと教室にいる誰か，または実験に参加している誰かとがペアになります。この本では相手が誰かというのは意識しづらいかもしれませんが，誰かを想定してください。相手は誰を想定してもらってもかまいませ

ん。ただ，後に詳細に述べますが，相手の動きを想定したうえで意思決定することが重要なため，相手が誰かということを意識することはとても大切です。

《戦　略》　表1.2は，あなたはUp（U）とDown（D）という選択肢を持っていて，相手はLeft（L）とRight（R）という選択肢を持っていることを示しています。これら，各プレイヤーが選ぶことができる行動の選択肢を「戦略」と呼びます。そして，それぞれのプレイヤーにとっての戦略の集まりを**戦略集合**と呼びます。つまり，とることができるすべての行動の選択肢を集めたものです。この利得表でのあなたの戦略集合はUとDです。同様に相手の戦略集合はLとRです。

《利得の組み合わせ》　表1.2の4つの枠それぞれに示されている数字の組み合わせ $(\underline{100}, 100)$，$(\underline{10}, 150)$，$(\underline{150}, 10)$，$(\underline{50}, 50)$ は，それぞれのプレイヤーが受け取ることのできる利得の組み合わせを表しています。ここでは，利得は，2人のプレイヤーが選んだ行動の組み合わせの結果それぞれに対して，各プレイヤーが獲得する金額（円）とします。**表1.2**では，下線のあるプレイヤー（あなた）が受け取る利得に下線が引いてあります。たとえば，あなたがUを選び，相手がLを選んだ場合は，あなたが100円，相手が100円を受け取るという具合です。

　あなたの戦略と相手の戦略の組を，戦略の組と呼びます。**表1.2**での戦略の組と，それぞれに対応した利得の組み合わせは次のとおりです。利得表の対応している数字も確認してみましょう。

- （U, L）あなたがU，相手はL：あなたの利得は100，相手の利得は100
- （D, L）あなたがD，相手はL：あなたの利得は150，相手の利得は10
- （U, R）あなたがU，相手はR：あなたの利得は10，相手の利得は150
- （D, R）あなたがD，相手はR：あなたの利得は50，相手の利得は50

このように，簡易的に戦略の組は（U, L），（D, L），（U, R），（D, R）と表すこともあります。

　この状況下においては戦略の組（D, L）が，あなたにとっては獲得できる利得が最も高い組み合わせで，あなたは150を獲得できます。逆にあなたにとっ

て，最も利得が低くなるのは，戦略の組（U, R）で，あなたは 10 しか獲得できません。あなたが得られる利得はあなたの意思決定の結果だけではなく，相手の意思決定にもよって変わることに注意しましょう。

戦略形ゲーム

このように相手の出方を予想して自分の意思決定を行うゲームは，プレイヤー，それぞれのプレイヤーの戦略，そして戦略の組に対応する利得の組の3つで定義され，表1.2 のようにプレイヤーの数が2人のように少ない場合は利得表で表現することができます。これら3つから成り立ち，お互いとその戦略と利得はわかっているが，同時に意思決定するためお互いにどの戦略を出すかわからない状況を**戦略形ゲーム**と呼びます。

以上のような利得表で表現されている状況においては，それぞれのプレイヤーが意思決定をする際に，他のプレイヤーがどのような意思決定をする（した）のかがわからないことを仮定しています。つまり，あなたも相手も同時に意思決定するような状況を想定しています。このような状況を**同時手番**と呼びます。あなたがUまたはDを選ぶ際には，相手がLとRのどちらを選んだのかわかりませんし，同様に，あなたの相手がLまたはRを選ぶ際には，あなたがUとDのどちらを選んだのかわからない状況を考えています。同時手番での意思決定の例として，じゃんけんがあります。章末の練習問題でじゃんけんの利得表を完成させてみましょう。

実験で考える：同時手番ゲーム

それでは，利得表を確認したところで，相手との相互作用がある状況での実験に進みましょう。

実験 1.2

下の利得表で表されているような状況を考えてください。

1. この状況で，あなたはAとBのどちらを選びますか？
2. なぜ，その選択をしましたか？
3. あなたは上記のとおりに選び，相手はAを選んだとします。あなたの利得はいくらですか？

---

4. あなたは上記のとおりに選び，相手は B を選んだとします。あなたの利得はいくらですか？
5. あなたの相手はどちらを選ぶと思いますか？
6. なぜ，相手がその選択をすると思ったのですか？

		相手	
		A	B
あなた	A	100, 100	10, 150
	B	150, 10	50, 50

　みなさんは，A と B のどちらを選ばれたでしょうか？　また，相手が選んだ選択の結果，あなたが獲得したのはいくらでしたか？

　個人での意思決定の状況と違い，相手との相互作用があるゲーム理論的状況では自分の意思決定だけでは完結しません。また，**実験 1.2** で取り上げたのは，互いが意思決定をする際に，相手がどのような意思決定をするかがわからない同時手番での意思決定です。相手がどちらを選んでくるかがわからないので，相手が A を選んだ場合はどうか？　また，相手が B を選んだ場合はどうか？と考えたのではないでしょうか？

理論で考える：最適反応，支配戦略，パレート最適，社会的ジレンマ

　さて，**実験 1.2** で取り上げた状況で，経済理論が通常仮定する人間の意思決定プロセスに基づいて，あなたの選択と相手の選択，そしてその結果を考えていきましょう。ここで，仮定するのは，自分の獲得できる金額のみに興味があり，自分がより高い金額を獲得できる選択肢を選ぶ意思決定主体です。結論からいうと，この仮定のもとでは，プレイヤーは 2 人とも B を選択し，その結果，2 人とも 50 ずつ獲得します。

　これは，以下のように考えていくことで導き出すことができます。まず，あなたの選択を考えましょう。相手が A を選択する場合，あなたは A を選択すると 100 円獲得できる一方，B を選択すると 150 円獲得できます。次に，相手が B を選択する場合を考えてみましょう。この場合は，あなたは，A を選択すると 10 円，B を選択すると 50 円獲得できます。よって，この場合でも，B

を選択した方が獲得金額が大きくなります。つまり，相手がAを選んでも，Bを選んでも，あなたはBを選ぶことでより高い金額が獲得できるわけです。そのため，前述の自分が獲得できる金額がより大きい選択肢を選ぶという仮定に基づくと，あなたはBを選択するでしょう。

このように相手のある戦略に対して，自分にとって一番利得が高くなる戦略を，相手のその戦略に対しての**最適反応**と呼びます。最適反応となる戦略は，相手のとる戦略によって異なりうるのですが，今回考察した状況のように，相手がとることが可能なすべての戦略に対しての最適反応が同じ場合もあります。このように，相手がどのような選択をしたとしても，自分の利得を最大にすることができる戦略がある場合は，その戦略を**支配戦略**と呼びます。ここでは，Bがあなたにとっての支配戦略となります。

相手との相互作用がある状況での意思決定に際して重要なのは，相手も同様に，あなたの意思決定を予測して最適反応をする点にあります。相手の最適反応を求めてみると，相手にとってもBが支配戦略であることがわかります。

したがって，あなたも相手も支配戦略であるBを選び，50円ずつ獲得するというのが，通常の経済理論が仮定する意思決定プロセスに基づく理論的な帰結です。お互いが支配戦略を持っている状況では，それぞれが支配戦略をとるわけです。

一方で，この状況では，2人のプレイヤーがお互いにAを選べば，それぞれ100円を獲得できます。これは，2人ともがBを選び，それぞれ50円を獲得する状況よりも，双方にとってより高い利得を獲得できるので望ましいことがわかります。この双方が100円ずつ獲得している状況は，**パレート最適**（**パレート効率**）な状況です。パレート最適な状況とは，他の誰かの利得を減らすことなく，誰かの利得を高めることができない状況をいいます。双方がAを選び，100円ずつ獲得している状況から，1人がBを選ぶことにすると，Bを選んだ人の利得は150円に増えますが，もう一方のAを選んでいる人の利得は10に下がってしまいます。一方で，双方がBを選んで互いに50円獲得する状況は，パレート最適ではありません。それは，2人ともがAを選べば，2人ともの利得を100円に高めることができるからです。

それにもかかわらず，理論的な分析が示すのは，パレート最適な結果は自分

Column ❶-4 理論予測：自分の利益だけを考える？

経済理論においては，人々は自分の利益だけを考えそれを最大にするように行動するということが多く仮定されています。学部で習う経済学ではむしろそれしか仮定されず，その仮定に違和感を持った人も多いのではないでしょうか。理論予測はあくまでもそのような行動をすると仮定した場合の結果です。ほかにも，たとえば「相手と平等にしよう」というような仮定がおかれた理論研究ももちろんあります。第10章の行動経済学のところで詳しく触れていきますが，まずは自分の利益だけを考えた理論分析に慣れ，理論と実験結果とが乖離する理由を考えながら楽しんでみましょう。

が獲得する金銭的な利益を最大にしようとして行動する2人の意思決定者には達成できないということです。この仮定のもとでは，もし相手がAを選ぶとわかっていても，あなたはBを選んだ方がより高い利得が獲得できるのでBを選びますし，同様に，たとえあなたがAを選ぶとわかっていても，自らの利得を最大にしようとする相手はBを選ぶからです。

このように，双方にとってより望ましい（より高い利得を獲得できる）戦略の組が存在するにもかかわらず，それぞれが自分の利得を最大にするように行動する結果，それが実現できない状況は，**社会的ジレンマ**と呼ばれます。

実験結果を確かめる：同時手番ゲーム

では，**実験1.2**の結果を見てみましょう。

意思決定理由

A：Aを2人ともが選んだ場合，どちらともに平等に利益が渡るから。また，その得られる利益が比較的大きいと考えたから。

A：自分がAとBのどちらを選んでも相手の利得は大きくなるから。

B：自身の利益を考えた場合，Aを選ぶよりもBを選んだほうがもらえるポイントが多いと感じた。

B：自分がA，Bのどちらを選んだとしても，Bを選んだ方が獲得するポイントの最低値がAより高いから。

図1.3のパネル（a）によると，Aを選んだ人が30%，Bを選んだ人が70%いました。支配戦略であるBを選ばなかった人が3割いたわけです。パネル

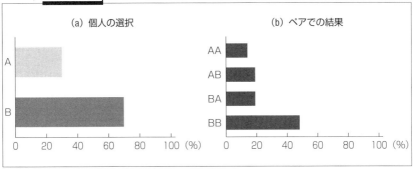

(a) 個人の選択　　　　　　(b) ペアでの結果

(b) に示されている実現された戦略の組の割合を見てみると，支配戦略の組である（B, B）が一番多いものの，理論的な予測が必ずしも達成されているわけではないことがわかります。

　さて，みなさんの**実験 1.2**での結果は経済学が通常仮定する意思決定主体に基づいた理論分析の帰結通りだったでしょうか？　大阪大学での実験結果からも，この理論予測と実験結果は必ずしも一致しないことがわかります。理論的な予測と実験結果が乖離する理由として何が考えられるでしょうか？

　より一般的には，理論と実験結果の乖離の原因をしっかりと考えることを通じて，科学としての経済学が発展していきます。たとえば，理論が想定していない意思決定に影響を与えうる要因が実験方法に含まれていないかを再検討したり，または，理論が仮定している意思決定のプロセスを再検討したりします。本書で，みなさんが同様の思考プロセスを通じて，経済学の学びを深めていっていただければと思います。

囚人のジレンマ

　実験 1.2 で考えた社会的ジレンマの例としてよく取り上げられるのが**囚人のジレンマ**というゲームです。囚人のジレンマゲームは，共犯だが別々に取り調べを受けている囚人が 2 人いて（プレイヤー），それぞれが犯罪を自白するか，黙秘するか（戦略）を選ぶことができ，2 人の選択の組によって罰（利得）が変

		囚人2	
		黙秘	自白
囚人1	黙秘	−2, −2	−10, −1
	自白	−1, −10	−5, −5

(注)　利得はマイナス懲役年数。

化するという状況を示したものです。ここで，利得は，懲役の年数を示してお
り，年数がより少ない方が，それぞれの囚人にとって望ましいと仮定します
（そのことを表すために，懲役年数に−1をかけて表現しています）。利得は，2人と
も黙秘を選んだ場合は，それぞれ嫌疑不十分で懲役2年，2人とも自白を選ん
だ場合は，罪が確定するのでそれぞれ懲役5年，1人が黙秘，もう1人が自白
を選んだ場合は，黙秘を選んだ囚人は調査に協力的でなかったことから懲役
10年，自白を選んだ囚人は調査に協力したことで懲役1年とします。また，
このことは，取調官からそれぞれの囚人に伝えられています。これを利得表
（表1.3）にまとめてみましょう。

　まず，最適反応を考えます。囚人2が黙秘するを選んだと仮定した場合，囚
人1は黙秘を選択すると自らは懲役2年，自白を選択した場合には懲役1年と
なり，自白を選んだ方が自分の懲役が短くなります。同様に，囚人2が自白す
るを選んだと仮定した場合，囚人1が黙秘を選択すると自らは懲役10年，自
白を選択した場合には懲役5年となり，こちらの場合でも自白を選んだ方が自
らの懲役が短くなります。囚人2が黙秘しようが自白しようが，囚人1は自白
を選んだ方がより高い利得（短い懲役期間）が得られるので，自白は支配戦略
であることがわかります。同様に，囚人2にとっても自白が支配戦略となるこ
とを確認してください。互いが黙秘すれば，それぞれ2年の懲役ですむにもか
かわらず，それぞれにとっては自白が支配戦略なので，2人ともそれを選び，
それぞれ5年間の懲役に伏すことになってしまうので囚人のジレンマと呼ばれ
るのです。

　今，この本を読んでいるほとんどの人がこのような「自白か！　黙秘か！　そ

の選択と相棒の選択の結果によって刑を軽くしてやるぞ」というような状況には陥ったことがないでしょう。しかし，同様の状況は日々の生活の中でもよくあるのではないでしょうか。たとえば，次のような例を考えてみましょう。

　授業の課題として出された2人1組のプロジェクトがあるとします。ここでは，あなたと相手が努力するかしないかによってプロジェクトの完成度が変わるとします。単純化のために，あなたと相手はこのプロジェクトの完成度を高めるために努力するかしないかのどちらかを選択することができるとします。2人ともが努力すれば，プロジェクトの完成度は高く，2人のうち1人だけが努力すれば，完成度は普通，どちらも努力しなければ，完成度は低くなるとします。プロジェクトの完成度が高いほど，そこから得られる利得は高くなる一方，努力してプロジェクトの完成度を高めるには，趣味にかける時間を削るなどの費用がかかります。プロジェクトの完成度から得られる利得と努力の費用を総合した利得は，次の4つが考えられます。

(1)　普通のプロジェクト（の利得）−努力するときの費用

(2)　完成度の低いプロジェクト（の利得）−努力しないときの費用

(3)　完成度の高いプロジェクト（の利得）−努力するときの費用

(4)　普通のプロジェクト（の利得）−努力しないときの費用

ここでは，この4つの利得に関して，(1)<(2)<(3)<(4)という関係が成り立っていると仮定しましょう。

　表1.4で，あなたと相手それぞれの最適反応を調べて，利得に関しての仮定から，あなたにとっても相手にとっても支配戦略が「努力しない」となることを確認してみましょう。この例のように，複数人が共同して何かを生み出す際に，生み出した利益は全員が平等に受け取れる一方，そのための費用は個別に負担しなければならない場合や，会食の際の割り勘で費用を負担する場合のように，注文した料理の利益は個別に受け取れる一方で，費用は注文した料理の金額にかかわらず全員同じ場合には，社会的ジレンマと呼ばれる状況が発生していることが多くあります。

　ここで，参加してもらった**実験1.2**に戻りましょう。前述の授業課題の例では，完成度の高いプロジェクトにしたいから努力すべきと考えた人も多いのではないでしょうか。また，囚人のジレンマの例では，悪いことをしたのであ

		相手	
		努力する	努力しない
あなた	努力する	(3), (3)	(1), (4)
	努力しない	(4), (1)	(2), (2)

(注) ここで(1)普通のプロジェクト（の利得）－努力するときの費用, (2)完成度の低いプロジェクト（の利得）－努力しないときの費用, (3)完成度の高いプロジェクト（の利得）－努力するときの費用, (4)普通のプロジェクト（の利得）－努力しないときの費用であり, (1)<(2)<(3)<(4)の関係が成り立っていると仮定します。

Column ❶-5　経済学における「費用」

　共同作業のジレンマの例で,「努力してプロジェクトの完成度を高めるには, 趣味にかける時間を削るなどの費用がかかります」と述べました。このように経済学における「費用」とは必ずしも, 金銭的な「費用」ばかりを指すものではありません。この点は, 第7章や第8章でも取り上げます。

れば自白すべきと考える人もいるかもしれません。このように意思決定が理論的に考察されている利得の値以外の要因に影響をされるのを防ぐため, 経済実験では先ほど体験してもらった**実験1.2**のようにA, Bなど中立的な選択肢を提示し, また, その背景にある状況（授業における共同課題等）も排除して実施されることが多いのです。

SUMMARY ●まとめ

□ 1 リスクのある状況での意思決定に際して, 選択肢の期待値を計算できる。

□ 2 人々のリスク態度は異なり, リスク中立的な人, リスク回避的な人, リスク愛好的な人に分けることができる。

□ 3 人々の行動が直接的に相互作用し, それぞれの利得が自らと相手の行動に依存するような状況を戦略的状況という。

☐ **4** 戦略的状況では，相手（他の人）の行動を予想して行動する必要がある。

☐ **5** 相手の戦略にかかわらず，自らの利得を最大にするような戦略を支配戦略と呼ぶ。

☐ **6** 他の人の利得を減らすことなしに，誰かの利得を増やすことができないような状態をパレート最適な状態と呼ぶ。

☐ **7** すべての人にとってより望ましい（より高い利得を獲得できる）戦略の組が存在するにもかかわらず，それぞれが自分の利得を最大にするように行動する結果，それが実現できない状況を「社会的ジレンマ」と呼ぶ。

EXERCISE ● 練習問題

① 実験 1.2 に示されている利得表で表された戦略的な状況で，1 人が A，もう 1 人が B を選んでいる状態はパレート最適な状態でしょうか？

② 2 人でするじゃんけんを考えてみましょう。プレイヤーはあなたとじゃんけんする相手，戦略はグー・チョキ・パー，利得は勝ったら 1，あいこで 0，負けたら −1 として次の利得表のあなたの利得を穴埋めしてみましょう。

		相手		
		グー	チョキ	パー
あなた	グー	__,0	__,−1	__,1
	チョキ	__,1	__,0	__,−1
	パー	__,−1	__,1	__,0

③ 支配戦略を自分の言葉で説明してみましょう。そのうえであなたの埋めたじゃんけんの利得表を見て，支配戦略があるかないかを考えてみましょう。

④ 次のような状況を考えましょう。2 人の人が，料理 C（値段 1000 円）と料理 E（値段 3000 円）のどちらかを同時に注文します。支払いは割り勘とするため，どちらの料理を頼んだかにかかわらず，2 人の頼んだ料理の合計金額の半額を支払う約束になっています。一方で，頼んだ料理はそれぞれが別に食べるので，頼んだ料理から得られる満足度は，料理を頼んだ人しか得られません。今，料理 C から得られる満足度は金額にして 1300 円相当，料理 E から得られる満足度は，3100 円相当とします。この状況を利得表にして，それぞれの人の支配戦略があるかないか，ある場合はどの戦略かを確認してください。

● 25

⑤ （プログラミング練習問題）ウェブサポートの付録 A を参考に，ローカル環境を設定し，oTree を起動させてみましょう。

⑥ （プログラミング練習問題）ウェブサポートの付録 A を参照して本書のプログラムを GitHub からダウンロードしてみましょう。ファイルパスについて調べ，ダウンロードした本書のプログラムを oTree で起動させてみましょう。

CHAPTER

第2章

相互作用する意思決定 1

イントロダクション

　前章では，個人の意思決定と，あなたと相手のいる2人1組での相互作用のある意思決定を区別して実験を行いました。本章では，2人1組のペアで複数の実験を行い，理論的な分析と実験結果の比較を行います。また，2人が同時に意思決定をする同時手番の状況だけではなく，意思決定のタイミングが異なるような状況も考えていきましょう。これを通じて，ナッシュ均衡，部分ゲーム完全ナッシュ均衡というゲーム理論の解概念を学びます。

1 調整ゲーム：その1

┃ 実験で考える：待ち合わせ ┃

　次のような状況を考えてください。あなたは誰かと映画を観に行くことにな

りました。映画は1と2があります。ただ，どちらの映画をより観たいかという点であなたと相手の意見は食い違いました。あなた（プレイヤー1）は，どちらかというと映画2の方が観たいのですが，相手（プレイヤー2）は，どちらかというと映画1の方が観たいといいました。でも一緒に遊びにいくのだから，どうせなら一緒の映画を観たいということでは一致しています。つまり，2人で一緒に同じ映画を観る方が，別々の映画をそれぞれ1人で観るよりもよいと考えています。どちらも自分の観たい映画を譲らなかったので「Webでそれぞれチケットを買って，当日映画館の中で待ち合わせましょう」となりました。

　この状況を利得表にまとめたものを実験2.1として示しています。ここでの利得は，それぞれの状況で映画を観ることの満足度をポイントで表しています。ポイントがより大きいほど高い満足度が得られることを示しています。それでは，実験をしてみましょう。

実験2.1

次の利得表で表されているような状況を考えてください。

		プレイヤー2	
		映画1	映画2
プレイヤー1	映画1	5, 10	2, 2
	映画2	3, 3	10, 5

1. あなたがプレイヤー1になったとします。映画1と映画2のどちらのチケットを買いますか？
2. その選択をしたのはなぜですか？
3. あなたは上記のとおりに選び，相手が映画1を選んだ際に，あなたは何ポイント獲得しますか？
4. あなたは上記のとおりに選び，相手が映画2を選んだ際に，あなたは何ポイント獲得しますか？
5. あなたの相手はどちらを選ぶと思いますか？
6. 相手がその選択をすると思ったのはなぜですか？

┃ 理論で考える：調整ゲーム ┃

　前章で考察したゲームと同様，相手のそれぞれの戦略に対して自分にとって

一番利得が高い戦略を調べる最適反応を考えてみましょう。**実験2.1**で示した利得表に戻って，あなたがプレイヤー1となったとします。もしプレイヤー2が映画1のチケットをとるのであれば，あなたは，映画1のチケットをとることで5ポイントの利得を得る一方で，映画2のチケットをとれば，3ポイントの利得を得ます。したがって，この場合は，あなたは映画1を選ぶことが最適反応になります。もし，相手が映画2のチケットをとるのであれば，あなたは，映画1のチケットをとれば2ポイントの利得，映画2のチケットをとれば，10ポイントの利得を得ます。したがって，この場合はあなたは映画2を選ぶことが最適反応になり，プレイヤー2の選択によってとりたい選択が変わります。

同様にプレイヤー2の最適反応も考えてみましょう。もし，プレイヤー1が映画1のチケットをとるのであれば，プレイヤー2は，映画1のチケットをとることで10ポイントの利得，映画2のチケットをとることで2ポイントの利得を得ます。したがって，この場合は，プレイヤー2は映画1を選んだ方がよいことがわかります。もし，プレイヤー1が映画2のチケットをとるのであれば，プレイヤー2は映画1のチケットをとることで3ポイントの利得，映画2のチケットをとることで5ポイントの利得を得ることができます。したがって，この場合は，プレイヤー2は映画2を選んだ方がよいことがわかります。つまり，プレイヤー2にとっても，最適な戦略がプレイヤー1の選択に依存して変わるので，プレイヤー2にとっても，プレイヤー1が何を選ぶのかを正しく予測できるのかどうかが重要なのです。

このゲームでは，相手が映画1を選ぶのであれば，あなたも映画1を選んだ方がよく，相手が映画2を選ぶのであれば，あなたも映画2を選んだ方がよいので，前章の囚人のジレンマゲームのように支配戦略が存在しません。あなたにとって利得が最も高くなる（最適な）戦略は，相手の選択に依存して変わります。だからこそ，相手が何を選ぶかを正しく予測できるかどうかが重要になってくるのです。

実験2.1で取り上げたゲームのように，互いに同じ選択肢を選ぶことで，互いの利得が高くなるようなゲームを**調整ゲーム**と呼びます。

理論で考える：ナッシュ均衡

　このようにどちらのプレイヤーにも支配戦略がない場合は，理論的な予測はどうなるのでしょうか？　経済学では，このような状況を考察するにあたり，通常**ナッシュ均衡**という均衡概念を用います。ナッシュ均衡は，ジョン・ナッシュが1950年に発表した均衡概念で，ナッシュは，この貢献が認められて1994年にノーベル経済学賞を受賞しました。ナッシュの生涯は1998年に出版されたシルビア・ネイサーの『ビューティフル・マインド』というタイトルの本で紹介され，後に同じタイトルで映画化されました。ナッシュ均衡を考える際には，すべてのプレイヤーは自分の利得がより高い戦略を選ぶこと，そして，すべてのプレイヤーがそうすることをすべてのプレイヤーが認識していることを仮定します。

　お互いに最適反応となっているような戦略の組み合わせをナッシュ均衡と呼びます。このゲームでは，お互いが映画1を選んでいる場合とお互いが映画2を選んでいる場合が該当します。すでに見たように，相手が映画1を選んでいる場合，あなたにとっての最適反応は映画1を選ぶことです。また，あなたが映画1を選んでいる場合，相手にとっての最適反応も映画1を選ぶことです。同様に，相手が映画2を選んでいる場合，あなたにとっての最適反応は映画2を選ぶことですし，あなたが映画2を選んでいる場合，相手にとっての最適反応は映画2を選ぶことです。よって，お互いが同じ映画を選んでいるのは，お互いが最適反応を選んでいることがわかります。

　なぜ，お互いに最適反応となっているような戦略の組み合わせを「均衡」と呼び注目するのでしょうか？　これは，このような戦略の組み合わせから<u>一方的に逸脱</u>して他の戦略を選ぶことでより高い利得を得られるプレイヤーが存在しないからです。一方的に戦略を変更することで，より高い利得が得られるのであれば，プレイヤーは戦略を変更することが容易に予想できますが，ナッシュ均衡である戦略の組み合わせでは，お互いが最適反応をしているわけですから，どちらか1人のプレイヤーが一方的に戦略を変更する理由がない（つまり，相手の戦略を1つ固定したときに自分が戦略を変更しても得しない）ため，「均衡」であると考えることができるのです。

すでにお気づきかもしれませんが，前章で考察した2人のプレイヤーがそれぞれ支配戦略を選ぶという戦略の組み合わせも，お互いに最適反応となっているわけですからナッシュ均衡となります。また，プレイヤーが2人のゲームで，どちらか一方のプレイヤーに支配戦略がある場合は，支配戦略があるプレイヤーは支配戦略を選び，そうでないプレイヤーは，もう1人が選ぶ支配戦略に対して最適反応となる戦略を選ぶというのが理論的な予測となり，これもナッシュ均衡となります。

　ただ，実験2.1で考えたゲームでは，ナッシュ均衡が複数ありました。このような場合に，どちらのナッシュ均衡がより高い頻度で観察されるのかまでは，この均衡概念からはわかりません。複数の均衡がある**均衡選択**の問題に回答するにあたっては，実験を用いて参加者の行動を観察することも重要となります。

▌実験結果を確かめる▐

　それでは，実験の結果と意思決定の理由を見てみましょう。

意思決定理由：待ち合わせ　プレイヤー1
- プレイヤー1：[映画1] を選び，相手も [映画1] を選ぶと予測
　・相手が自分の利得を考えて譲らないと思ったので自分が譲って2人で映画を見ようと思ったから。
　・相手は自分が見たい映画(1)を優先すると考えて，その上でなるべく利得が最大になるようにしたいから。
- プレイヤー1：[映画1] を選び，相手は [映画2] を選ぶと予測
　・相手はより多くのポイントを獲得したいと思うから。
- プレイヤー1：[映画2] を選び，相手は [映画1] を選ぶと予測
　・2ポイントになるのだけは避けたいから。
　・相手も映画2を選んだら私の利益が最大になるため。
- プレイヤー1：[映画2] を選び，相手は [映画2] を選ぶと予測
　・映画2に相手がすると予想したから。

意思決定理由：待ち合わせ　プレイヤー2
- プレイヤー2：[映画1] を選び，相手も [映画1] を選ぶと予測
　・相手が損をするようにしたいから。
　・自分が最も高いポイントを得ることができるから。

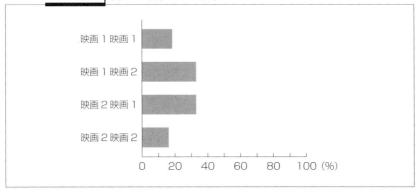

- プレイヤー 2：[映画 1] を選び，相手は [映画 2] を選ぶと予測
  ・10 ポイントを得たいから。
- プレイヤー 2：[映画 2] を選び，相手は [映画 1] を選ぶと予測
  ・映画 1 を選ぶと 10 ポイントもらえるが，相手は 2 を選ぶはずなので，1 を選ぶより 2 を選んだ方が利得が高いから。
- プレイヤー 2：[映画 2] を選び，相手は [映画 2] を選ぶと予測
  ・相手は 2 ポイントを避けて映画 2 を選んでくると思ったから。

　実現した結果の組み合わせは**図 2.1** に示されているように，2 人とも映画 1 のペアが 18.2％ ほど，2 人とも映画 2 のペアが 16.1％ ほどで，残りのペアは，1 人が映画 1，もう 1 人が映画 2 であったことがわかります。半数以上がすれちがってしまいました。

　調整ゲームでは，「調整に失敗」し別々の選択肢を選ぶことで，利得が低くなってしまいます。**図 2.1** が示すように，今回のように事前に何もコミュニケーションもとらず，見ず知らずの人との 1 回限りの意思決定の場合は，調整の失敗が高い頻度で起こりえます。似たようなゲームを実験を通じて考えてみましょう。

調整ゲーム：その2

実験で考える：相手の行動を読む

実験2.2

次の利得表で表されているような状況を考えてください。

		プレイヤー2	
		L	R
プレイヤー1	U	85, 30	85, 30
	D	65, 45	100, 50

1. あなたがプレイヤー1になったとします。あなたはUとDのどちらを選びますか？
2. なぜ，そのように意思決定をしましたか？
3. このゲームのナッシュ均衡をすべて答えてください。

理論で考える：弱支配戦略と相手の行動の不確実性

　このゲームのナッシュ均衡は（プレイヤー1がU，プレイヤー2がL）と（プレイヤー1がD，プレイヤー2がR）の2つあります。利得表からわかるように，どちらにとっても後者の方が利得が高く，また後者は2人ともが戦略を変更しても利得が減らない，今回の実験設定であれば一番多くの利得を得られる組み合わせなのでパレート最適な状態であることがわかります。

　プレイヤー2はプレイヤー1の選択にかかわらずRを選ぶことでLを選ぶよりも，少なくとも同じ，またはより高いポイントを獲得することができることに気づかれた方もいるかと思います。つまり，プレイヤー2にとってRを選ぶことが（弱）支配戦略となっているのです。ここで（弱）と書かれているのは，プレイヤー1がUを選んだ場合は，プレイヤー2にとってはLを選んでもRを選んでも利得が同じになるからです。とはいえ，プレイヤー2はR

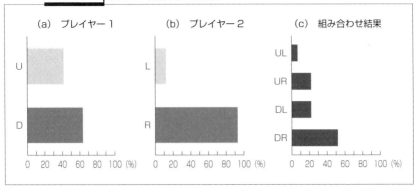

CHART | 図 2.2　実験 2.2 の結果

(a)　プレイヤー 1　　　　(b)　プレイヤー 2　　　　(c)　組み合わせ結果

を選ぶことで，L を選ぶよりも利得が低くなることはないので，R を選ぶと予測するのが自然かもしれません。もし，あなたがそのように予測をするのであれば，あなたは D を選ぶでしょう。

　もしプレイヤー 1 が，プレイヤー 2 は L か R のどちらを選ぶのかはわからないと考えたとしましょう。つまり，プレイヤー 1 にとって，プレイヤー 2 の行動に不確実性が生じています。この予測のもとでは，プレイヤー 1 が D を選ぶと，利得が 65 か 100 のどちらかになり，U を選ぶと確実に 85 を獲得できます。第 1 章でも見たように，多くの人はリスクや不確実性を回避しようという傾向があります。プレイヤー 2 が何を選んでもプレイヤー 1 が U を選べば 85 を得ることができるので，相手の意思決定による不確実性を回避するために U を選んだ人もいるかもしれません。

　相手に（弱）支配戦略が存在する分，このゲームは**実験 2.1** で取り上げた調整ゲームよりも「調整の失敗」が起こりにくいように思えます。相手の行動の不確実性から生じる利得の不確実性を回避しようとすることで，調整の失敗は起こりえます。

実験結果を確かめる

　それでは，実験の結果と意思決定の理由を見てみましょう。

　図 2.2 のパネル（b）から，9 割近いプレイヤー 2 が（弱）支配戦略である R を選んだことがわかる一方，パネル（a）では，4 割近いプレイヤー 1 が利

得の不確実性を回避できる U を選んでいることがわかります。その結果，パネル（c）から，パレート最適な DR の組み合わせを達成できているペアは全体の半分程度しかなかったことが見てとれます。

　これら実験で取り上げた抽象的なゲームばかりではなく，日常においても「同じ選択肢を選ぶとうれしい」という状況は数多くあります。現実の例だと，待ち合わせはもちろんのこと，お互いが同じ言語を話せるかどうかもそうですし，お互いが同じ SNS を利用するかどうかというのもそうです。今回は，2人だけが参加するゲームでしたが，言語選択の場合は，同じ言語を話す人が多ければ多いほど，ある言語を身につけることから得られる利得も高くなりうることは想像できるかと思います。同様のことが SNS の選択にもいえます。調整ゲームが表現しているような「同じ選択肢を選ぶとうれしい」現実の状況は，数多くあるのです。

3 チキンゲーム

▌実験で考える：同時に出店場所を決める▐

　「同じ選択肢を選ぶとうれしい」状況があれば，「うれしくない」状況もあるでしょう。調整ゲームとは逆に，一緒の選択肢を選ぶことで利得が下がってしまうような状況を考えてみましょう。

　あなたとあなたの競合相手は，それぞれ独立にお店をキャンパス A かキャンパス B のどちらかに 1 店舗だけ出そうとしています。それぞれが異なったキャンパスに出店した場合は，高い利益をあげることができ，キャンパス A に出店した方が 30 ポイントの利得，キャンパス B に出店した方が 20 ポイントの利得となります。お互いがキャンパス A に出店してしまうと競合して利益が出ません（−10 ポイントの利得）。一方で，お互いがキャンパス B に出店してしまっても競合はしますが，お互いに少ないながらも利益を出すことができます（10 ポイントの利得）。この状況を**実験 2.3**の利得表にまとめています。それでは，実験を始めます。

実験 2.3

次の利得表で表されているような状況を考えてください。

		プレイヤー 2	
		キャンパス A	キャンパス B
プレイヤー 1	キャンパス A	−10, −10	30, 20
	キャンパス B	20, 30	10, 10

1. あなたがプレイヤー 1 になったとします。どちらに出店しますか？ キャンパス A か B のどちらか教えてください。
2. なぜ，その選択をしましたか？
3. あなたは上記のとおりに選び，相手は A を選んだ際のあなたの利得は何ポイントですか？
4. あなたは上記のとおりに選び，相手は B を選んだ際のあなたの利得は何ポイントですか？
5. あなたの相手はどちらを選ぶと思いますか？
6. 相手がその選択をすると思ったのはなぜですか？

理論で考える：ナッシュ均衡を探す

　実験 2.3 は競合を避けるために，互いに異なった選択肢を選んだ方が互いの利得が高くなる状況を表しています。それぞれのプレイヤーに関して最適反応を調べ，別の場所で出店する（A, B）と（B, A）の戦略の組がナッシュ均衡になることを確認してみましょう。

　このような状況を表したゲームは，**チキンゲーム**と呼ばれます。

実験結果を確かめる：異なったタイミングで出店場所を決める

　まず，実験の結果を見てみましょう。図 2.3 によると約半数が違う場所に出店できましたが，残りは同じ立地になっています。また，キャンパス B に出店した人が多く，キャンパス A の［−10］を避けた様子がうかがえます。

　現実を振り返ったとき，同時手番の意思決定は日常においては少ないように思えるかもしれません。事前に調整してお互いに戦略を合わせることが私たちの日常では考えられます。仕事等でよく「報告・連絡・相談（ホウレンソウ）」

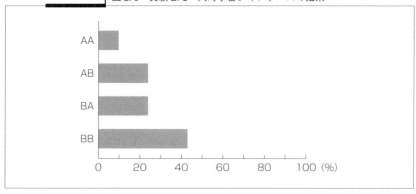

Column ❷-1　チキンゲーム

　実験2.3で取り上げたようなゲームは，どうしてチキンゲームと呼ばれるのでしょうか？　チキン＝鶏なのですが，鶏が闘うゲームに似ているからではありません。ここでいうチキンとは臆病者のことなのです。みなさんは，映画等で，2人の人間がどちらがより勇敢かを競うために一本道の反対側からそれぞれバイクやトラックに乗って，お互いをめがけて直進していく場面を見たことがあるかもしれません。このゲームでは，相手にぶつかるのを避けて，最初に道を避けた方が負けとなります。敗者は臆病者（チキン）と罵しられ（利得0），勝者は勇者の栄誉を勝ち取ります（利得10）。しかし，お互いが最後まで譲らず正面衝突すると，2人とも大怪我をしてしまいます（利得−5）。一方で，お互いが同時に譲れば，互いに面目を保つことができます（利得5）。これを，利得表に表すと，次のようなゲームになります。

		プレイヤー2	
		道を譲る	道を譲らない
プレイヤー1	道を譲る	5, 5	0, 10
	道を譲らない	10, 0	−5, −5

が大事だといわれているのも，実は，そうやってそれぞれの考えをお互いに知らせていないと，今回，みなさんに実験で体験していただいたような同時手番の意思決定となってしまい，調整の失敗が発生してしまうことが予測できます。

「報告・連絡・相談」は，調整の失敗をあらかじめ防ぐために考え出された知恵ともいえるでしょう。

4 展開形ゲーム

　これまでの実験は，それぞれのプレイヤーが同時に（相手が何を選んだのか知ることなく）意思決定する状況を想定してきました。このような状況を同時手番ゲームで表現し，利得表を使って表してきました。

　次に，プレイヤーが，何らかの順番に応じて意思決定し，それぞれが自分より前の人が何を選んだのか知ることができる状況を考えてみましょう。このような意思決定のタイミングを明示的に取り入れたゲームを**展開形ゲーム**と呼び，図2.4のような**ゲームの木**を使って表します。展開形ゲームでは，先に意思決定する人を先手，先手の行動を見てから意思決定する人を後手と呼びます。ゲームの木は，各プレイヤーが行動する順番・ゲームの結果を点（図2.4では四角形）で表し，戦略を点と点をつなぐ枝（図2.4では矢印）で表現します。

▎実験で考える：異なったタイミングで出店場所を決める▎

　たとえば，**実験2.3**の状況において，抽選によって先手を決めるとしましょう。抽選の結果，あなたの相手が先手（プレイヤー1）となり，先に出店場所を決めることができ，あなたは相手の意思決定の結果を見た後に，出店場所を決めることができる後手（プレイヤー2）になったとします。抽選の後の状況をゲームの木で示すと，図2.4のようになります。

　この図では，時間の流れが左から右に表されています。相手が先に選ぶので，一番左の点で，相手がキャンパスAかキャンパスBのどちらかを選ぶ分岐があります。相手がキャンパスAを選んだら上の枝，キャンパスBを選んでいたら下の枝となります。あなたはそのあと，相手の選択を確認したうえで，キャンパスAかキャンパスBを選ぶ分岐で意思決定し，結果が決まります。相手とあなたの選択の結果は一番右の4つの組み合わせとして表されており，それぞれの得ることの利得が記載されています。それでは，この状況の実験を始

めましょう。

実験 2.4

　あなたとあなたの競合相手は，それぞれ独立にお店をキャンパス A かキャンパス B のどちらかに 1 店舗だけ出そうとしています。選択の組み合わせに応じた利得は次の利得表が示しています。この利得表は**実験 2.3** と同じです。

		プレイヤー 2（後手）	
		キャンパス A	キャンパス B
プレイヤー 1（先手）	キャンパス A	−10, −10	30, 20
	キャンパス B	20, 30	10, 10

　実験 2.3 は同時での意思決定でしたが今回は，2 人のうちランダムに選ばれた方が先手となり，先に出店先を選ぶことができるとします。図 2.4 も参照してください。選ばれなかった方は後手となり，先に選んだ人の出店先を知ったうえで，出店先を選ぶことができます。以下の，それぞれのケースについて，回答してください。

- ケース 1：あなたは先手になりました。
  - ・どちらに出店しますか？
  - ・なぜ，その選択をしましたか？
- ケース 2：あなたは後手になりました。あなたの相手は先手になり，キャンパス A に出店するとしました。
  - ・どちらに出店しますか？

理論で考える：後ろ向き推論と部分ゲーム完全ナッシュ均衡

　展開形ゲームを理論的に考えるあたって，**後ろ向き推論**（バックワード・イン
ダクション，後ろ向き帰納法）の考え方を導入し，ナッシュ均衡を精緻化した**部
分ゲーム完全ナッシュ均衡**（部分ゲーム完全均衡）を求めてみましょう。

　後ろ向き推論とは，文字通り，ゲームの後ろから順次考えていく考え方です。
今回の実験で，最後に意思決定をするのは後手ですので，まず，後手の意思決
定について考えます。また，これまでと同様に，プレイヤーは自分の利得がよ
り高い選択肢を選ぶと仮定します。また，すべてのプレイヤーがそのように意
思決定するとすべてのプレイヤーが認識していることも仮定しましょう。

　後手が意思決定するのは，先手がＡを選んだ場合と，Ｂを選んだ場合とが
ありますので，これらを１つ１つ見ていきましょう。先手がＡを選んだ場合，
後手は，Ａを選べば－10ポイントの利得，Ｂを選べば20ポイントの利得を得
ることができるので，Ｂを選ぶでしょう。先手がＢを選んだ場合は，後手は，
Ａを選べば30ポイントの利得，Ｂを選べば10ポイントの利得となるので，Ａ
を選ぶでしょう。

　次に，後手の前に意思決定をする先手について考えてみましょう。このとき，
先手は，自分がＡを選んでいれば後手はＢを選び，逆に自分がＢを選んでい
れば後手はＡを選ぶだろうと推測できることに注意してください。この推測
は，すべてのプレイヤーが自らの利得がより高い選択肢を選ぶことを認識して
いるという仮定に基づいています。この推測に基づくと，先手がＡを選べば，
後手はＢを選ぶので，先手にとっての最終的な利得は30ポイントとなり，逆
に先手がＢを選べば，後手はＡを選ぶので，先手にとっての最終的な利得は
20ポイントとなります。よって，先手は，後手の反応を見越したうえで，Ａ

を選択するでしょう。したがって，部分ゲーム完全均衡が予測するのは，先手
がA，それを受けて後手がBを選び，先手が30ポイントの利得，後手が20
ポイントの利得を得るという結果になります。

　このように，部分ゲーム完全均衡とは，意思決定をする際に，その後に続く
すべての部分ゲームで合理的に意思決定がなされる（それぞれの部分ゲームで均
衡が成立している）ことを読み込んだうえで合理的に意思決定がなされるような
均衡なのです。

　同時手番ゲームでは，ナッシュ均衡が2つありましたが，意思決定のタイミ
ングと情報の流れを明示的に考慮した部分ゲーム完全均衡は，1つになります。

┃ 実験結果を確かめる ┃

　それでは，図2.5に示した実験の結果を見てみましょう。

　実験2.3の同時手番ゲームでの，ナッシュ均衡は（キャンパスA，キャン
パスB），（キャンパスB，キャンパスA）の2つでした。展開形ゲームでも，
この2つの選択の組み合わせが高い頻度で選ばれたことがわかります。図2.3
と図2.5を比較してみると，展開形ではプレイヤー1（先手）がキャンパスA
を選択し，その後プレイヤー2（後手）がキャンパスBを選び，プレイヤー1
に30，プレイヤー2が20になる組み合わせが一番多く見られるようになりま
した。このように意思決定する順番があり，かつ，先手が何を選んだのかをわ
かったうえで，後手が意思決定することで，同時手番の意思決定とは大きく違
う結果が得られます。

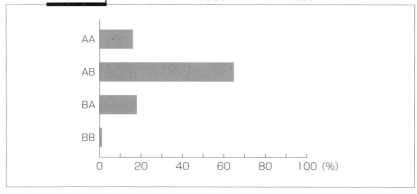

CHART 図2.5 実験2.4：展開形チキンゲームの結果

ただ，部分ゲーム完全均衡である先手がA，後手がBという選択の組み合わせは，全体の約65%のペアでしか観察されていません。このように理論的な予測と実験結果の乖離が生じる理由を考えてみてください。

⑤ ゼロ和ゲーム

実験で考える：サッカーのPK戦

ここまで，調整ゲームやチキンゲームなど利得表で表現される状況に加えて，意思決定のタイミングを明示的に考慮したゲームに関して実験をしてきました。これらのゲームでは，利得の大小の差はありますが，将棋やじゃんけんのように最終的な勝ち負けがない状況を表してきました。ここでは，スポーツの状況，実験ではサッカーのPK戦を例として，どちらかが勝てばどちらかが負ける状況を考えていきましょう。

それでは，実験を始めます。

実験2.5
サッカーのPK戦をイメージしてください。ここでは，単純化のためにキッカーとゴールキーパーの2人の一発勝負として考えましょう。キッカーがボールを蹴り，

ゴールキーパーがボールを止められなかったら，キッカーにとっては勝利（利得1）
である一方，ゴールキーパーにとっては敗北（利得−1），逆に蹴ったボールが止め
られたらキッカーにとっては敗北（利得−1），ゴールキーパーにとっては勝利（利
得1）という状況です。

　状況をさらに単純化して，キッカーは，自分から見て右に蹴るか，左に蹴るか，ゴー
ルキーパーも同様に（キッカーから見て）左に跳んで守るか右に跳んで守るかを選
ぶとします。この場合，たとえば，キッカーが右に蹴り，ゴールキーパーが右に跳ん
で守ればゴールに入らないので，キッカーの利得は−1，ゴールキーパーの利得は1
となります。この状況を利得表にまとめてみましょう。

		ゴールキーパー	
		左	右
キッカー	左	−1, 1	1, −1
	右	1, −1	−1, 1

この状況を同時手番で考えてみましょう。

1. あなたがキッカーであればどちらに蹴りますか？　右か左かのどちらか教えて
   ください。
2. あなたがゴールキーパーであればどちらに跳びますか？　右か左かのどちらか
   教えてください。

　この利得表にある4つの利得の組は，そのそれぞれでキッカーとゴールキー
パーの利得を足すとゼロになります。そのため，このようなゲームのことを**ゼ
ロ和ゲーム**と呼びます。

┃理論で考える：混合戦略┃

　結果を見る前に，それぞれのプレイヤーの最適反応を見て，ナッシュ均衡を
考えてみましょう。キッカーの立場から見ると，ゴールキーパーが右に跳ぶの
であれば，左に蹴ると点がとれます。逆にゴールキーパーが左に跳ぶのであれ
ば，右に蹴ると点がとれます。

　一方で，ゴールキーパーの立場から見ると，キッカーが右に蹴るのであれば，
右に跳ぶと点がとれ，キッカーが左に蹴るのであれば，左に跳ぶと点がとれま
す。

ナッシュ均衡とは，お互いがお互いに最適反応をしている戦略の組でした。このゲームにおいては，そのような戦略の組み合わせがないことに気づかれたかと思います。たとえば，キッカーが右に蹴る場合，ゴールキーパーにとっての最適反応は，右に跳ぶですが，ゴールキーパーが右に跳ぶのであれば，キッカーは，左に蹴るのが最適反応となります。そして，キッカーが左に蹴るのであれば，ゴールキーパーは左に跳ぶのが最適反応という具合です。

　右に跳ぶとか，左に蹴るとか，ある選択肢を確実に選ぶ戦略を**純粋戦略**と呼びます。PK ゲームのようなゲームでは，純粋戦略でのナッシュ均衡はありません。では，純粋戦略で均衡がない場合はどのように考えればよいのでしょうか？　みなさん自身はどう考えたでしょうか？

　このゲームでは，キッカーからすれば，ゴールキーパーに自分が蹴る方向を悟られないようにすることが大切です。同様にゴールキーパーにとっても，キッカーに自分がどちらに跳んで守ろうとするのかを悟られないようにすることが大切です。というのも，たとえば，ゴールキーパーがキッカーは必ず右に蹴ってくるとわかっていれば，ゴールキーパーは右に跳ぶことで勝つことができるからです。キッカーが自分の蹴る方向を相手に悟られないためには，ゴールキーパーに，このキッカーは右にも左にも蹴るかもしれないと，両方の可能性があることを考えさせる必要があります。同様に，ゴールキーパーも，キッカーにこのゴールキーパーは右にも左にも跳んで守ってくる可能性があることを考えさせなければなりません。

　このように，両方の選択肢が選ばれる可能性を許す戦略を**混合戦略**と呼びます。今回のゲームでは，キッカーにとっての混合戦略は「左に q（％）の確率で蹴り，右に（$100-q$）（％）の確率で蹴る」となります。同様にゴールキーパーにとっての混合戦略は「右に p（％）の確率で跳び，左に（$100-p$）（％）の確率で跳んで守る」となります。純粋戦略は，この q や p が 0 か 100 である場合と一致します。

　では，混合戦略を考えた場合の最適反応を見てみましょう。ここで，前章で学んだ期待値の考え方を使います。まずは，キッカーが「左に q% の確率で蹴り，右に（$100-q$）% の確率で蹴る」という混合戦略をとっているとします。このとき，ゴールキーパーが左に跳ぶことで得られる利得の期待値は

$$1 \times q + (-1) \times (100 - q) = 2q - 100$$

となり，ゴールキーパーが右に跳ぶことで得られる利得の期待値は，

$$(-1) \times q + 1 \times (100 - q) = -2q + 100$$

となります。したがって，

$$2q - 100 > -2q + 100$$

の場合，つまり，$q > 50$（キッカーが50%よりも高い確率で左に蹴る）のときは，ゴールキーパーは左に跳ぶことの期待利得が右に跳ぶことの期待利得よりも高くなるので，確実に左に飛びます（$p = 0$）。逆に，

$$2q - 100 < -2q + 100$$

つまり，$q < 50$（キッカーが50%よりも高い確率で右に蹴る）のときは，ゴールキーパーは右に跳ぶことの期待利得が左に跳ぶことの期待利得よりも高くなるので，確実に右に飛びます（$p = 100$）。

　では，$q = 50$，つまり，キッカーが左も右も同じ50%の確率で蹴るときはどうでしょうか？　この場合は，ゴールキーパーにとっては，左に跳ぶことと右に跳ぶことの期待利得がゼロで同じになります。また，ゴールキーパーはどのような確率で左に跳んでも右に跳んでも期待利得はゼロとなることを確かめてください。この場合，$0 \leq p \leq 100$がゴールキーパーの最適反応となります。

　このような最適反応を図にして書くことができます。図2.6〜2.8にまとめてみます。縦軸にゴールキーパーが右を選ぶ確率（p）をとります。100%の位置では絶対にゴールキーパーは右を選び，0%の位置では絶対に右を選ばない（左を選ぶ）と考えてください。同じようにして，横軸にキッカーが左を選ぶ確率（q）をとってください。100%の位置では，絶対にキッカーは左を選び，0%の位置では絶対に左を選ばない（右を選ぶ）と考えてください。

　図2.6の点線が，キッカーの混合戦略に対しての，ゴールキーパーの最適反応を示しています。$q < 50$では$p = 100$であり，キッカーが50%よりも低い確率で左を選ぶ（つまり，右に蹴る確率が高い）場合，ゴールキーパーは100%

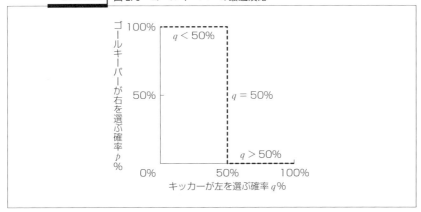

右を選ぶことを表しています。$q>50$ では $p=0$ であり，キッカーが50％より
も高い確率で左を選ぶ（つまり，左に蹴る確率が高い）場合，ゴールキーパーは
100％左を選ぶことを表しています。そして，$q=50$ では，$0 \leq p \leq 100$ がそれ
ぞれ最適反応であることが示されています。

　次に，キッカーについても同様に，ゴールキーパーの混合戦略「右に p（％）
の確率で跳び，左に $(100-p)$（％）の確率で跳んで守る」に対する最適反応
を考えてみましょう。再度，利得の期待値を計算しましょう。キッカーが右に
蹴ると得られる利得の期待値は

$$(-1) \times p + 1 \times (100-p) = -2p + 100$$

となります。一方で，キッカーが左に蹴ると得られる利得の期待値は

$$1 \times p + (-1) \times (100-p) = 2p - 100$$

となります。したがって，

$$-2p + 100 > 2p - 100$$

の場合，つまり，$p<50$ の場合は右に蹴る方が左に蹴るよりも期待利得が高く
なり，逆に

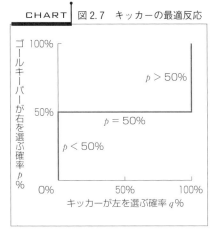

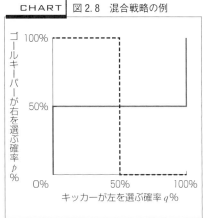

CHART 図2.7 キッカーの最適反応

CHART 図2.8 混合戦略の例

$$-2p+100<2p-100$$

（つまり $p>50$）の場合は，左に蹴る方が右に蹴るよりも期待利得が高くなることがわかります。つまり，もしゴールキーパーが 50% よりも高い確率で右に跳んでくるのであれば（$p>50$），キッカーは左に確実に蹴ること（$q=100$）が最適反応であり，逆にゴールキーパーが 50% よりも高い確率で左に跳んでくるのであれば（$p<50$），キッカーは右に確実に蹴ること（$q=0$）が最適反応となります。

　では，$p=50$，つまりゴールキーパーが左と右をそれぞれ同じ 50% の確率で選ぶ場合はどうでしょうか？　この場合は，先ほどのゴールキーパーの最適反応と同様，キッカーにとっては，左に蹴っても右に蹴っても，期待利得はゼロで同じとなります。よって，この場合は，$0 \leq q \leq 100$ がキッカーにとっての最適反応となります。

　図 2.7 の実線が，ゴールキーパーの混合戦略（縦軸）に対しての，キッカーの最適反応（横軸）を示しています。$p<50$ では $q=0$ が，$p>50$ では $q=100$ が，そして，$p=50$ では $0 \leq q \leq 100$ がそれぞれ最適反応であることが示されています。

　ナッシュ均衡は，2 人のプレイヤーが互いに最適反応をしている状況です。図 2.6 のゴールキーパーの最適反応と図 2.7 のキッカーの最適反応を重ね合わせたのが図 2.8 です。図 2.8 で，2 人のプレイヤーの最適反応を示した線が

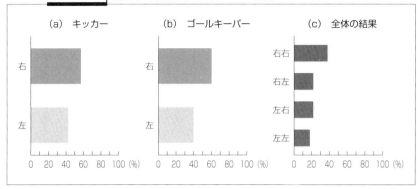

CHART 図 2.9 実験 2.5：PK ゲームの結果

(a) キッカー　　(b) ゴールキーパー　　(c) 全体の結果

交わる点，つまり，$p=50$，$q=50$ という混合戦略の組が，PK ゲームのナッシュ均衡となります。

実験結果を確かめる

意思決定理由：サッカーの PK 戦
- 相手がどちらにけるのかが予測できないので，勘で選びました。
- なんとなく直感です。
- キーパーは右利きの可能性が高く，左手で止めることになる右に蹴る方が決まりやすい気がするから。

　では，図 2.9 に示された実験の結果を見てみましょう。ナッシュ均衡と比べると，キッカー役とゴールキーパー役の両方，「右」を選んだ人が多いことが見てとれます。今回の実験では，参加者に右と左を選ぶ確率を回答してもらう形で混合戦略を直接観察したわけではないので，この選択の偏りが，参加者が右と左を等確率で選んだ結果でないとは言い切れません。ただ，最適反応の導出で見たように，もしある人の選択に偏りがあり，相手がその偏りに気がついているのであれば，負ける頻度が高くなるのです。実際，同じプレイヤーが似たような状況で何度もプレイするプロスポーツのデータを用いた実証研究では，高いランクの選手ほど，混合戦略ナッシュ均衡に近い（偏りのない）頻度でプレイをしていることが示されています（Palacios-Huerta, 2003；Walker and Wooders, 2001）。

もう少し身近な例として，じゃんけんを考えてみましょう。勝ったら1点，負けたら−1点，あいこの場合は0点としましょう。こうするとじゃんけんもゼロ和ゲームで，グー，チョキ，パーのどれを出すかに関して，純粋戦略によるナッシュ均衡がないことが確認できるかと思います。一方で，混合戦略によるナッシュ均衡では，双方がグー，チョキ，パーのそれぞれを3分の1ずつの確率で出します。「私はじゃんけんが弱い」と思っている人はいませんか？　そういう人は，ひょっとしたら，グー，チョキ，パーを選ぶ確率が3分の1ずつではなく，何らかの偏りがあり，いつもじゃんけんをする相手がその偏りに気づいているからかもしれません。

　では，PKの実験を展開形で考えてみたらどうでしょうか？　たとえば，先手がキッカーで後手がゴールキーパーの場合は，キッカーがどちらかを選んだのを確認してからゴールキーパーが動けるので確実にボールを止めることでできるようになります。逆に先手がゴールキーパーの場合は，キッカーはゴールキーパーの動きを見てから蹴ることができるので，確実にゴールを決めることができます（章末の練習問題で確認してみてください）。どこに出店するかという出店ゲームの実験では先手有利だったのと対照的に，PKの実験では後手有利となることがわかります。

SUMMARY ●まとめ

☐ 1 お互いに最適反応となっているような戦略の組み合わせをナッシュ均衡と呼ぶ。

☐ 2 ナッシュ均衡は複数あることがある。

☐ 3 同時手番ではなく，意思決定に順番があるようなゲームを展開形ゲームといい，ゲームの木を用いて表す。

☐ 4 展開形ゲームでは，後ろ向き推論に基づいた部分ゲーム完全ナッシュ均衡を考える。

☐ 5 PKゲームやじゃんけんのような2人ゼロ和ゲームでは，純粋戦略のナッシュ均衡は存在しない。

☐ 6 複数の純粋戦略を確率的に選ぶ戦略を混合戦略と呼ぶ。

□ 7 2人ゼロ和ゲームでも，混合戦略でのナッシュ均衡は存在する。

EXERCISE ● 練習問題

1 PKゲームで，先手がキッカーで後手がゴールキーパーの場合を，ゲームの木を用いて，展開形ゲームとして表現し，部分ゲーム完全ナッシュ均衡を探してください。

2 次のようなビジネスの事例を考えてください。A社とB社という競合する会社があります。例年，両社とも新製品を同じ産業フェアで発表してきました。今年の産業フェアは6カ月後に開催が予定されています。今年の選択肢は，それぞれ企業向けの新製品を発表するか，家庭向けの新製品を発表するかのどちらかです。産業アナリストは，両者の産業フェアでの発表の結果，両者が獲得する利益を次のように予測しています。

- もし両社とも企業向けの新製品を発表した場合：A社は100億円の赤字，B社は100億円の黒字
- もし両社とも家庭向けの新製品を発表した場合：A社は100億円の黒字，B社は20億円の赤字
- もしA社が企業向けの製品を発表し，B社が家庭向けの新製品を発表した場合：A社は30億円の黒字，B社は200億円の黒字
- もしA社が家庭向けの製品を発表し，B社が企業向けの新製品を発表した場合：A社は200億円の赤字，B社は100億円の赤字

(a) この状況を利得表にし，ナッシュ均衡を求めてください。

(b) あなたがB社の経営戦略担当役員であれば，ナッシュ均衡で予測される事態を打開するために，どのような行動を通じてゲームを変化させますか？ ただし，企業向けの新製品または家庭向けの新製品を発表するという選択肢は変えることができないとします。

3 （プログラミング練習問題） ウェブサポートの付録Aを参考に自分のローカル環境に新しいプロジェクト［chusen］を作成し，抽選システムを構築していきましょう。まずは，参加者は1人でsettings.pyに追記してブラウザからアクセスできるようにして，付録でpyとhtmlの役割を理解してみましょう。

4 （プログラミング練習問題） 前章で設定した本書のプログラムのoTreeを起動し，前章と本章で学んだ2人1組のゲームの設定と利得表を考え，oTreeで該当するゲームの値を変更してみましょう。

第3章

相互作用する意思決定2

イントロダクション

　前章では，さまざまな戦略的状況を記述し，分析する枠組みを学びました。ただし，そこで考えられていたのは，1回限りの相互作用でした。これらの実験で想定されていたのは，同じ相手とは今後，2度とやりとりしないという状況です。このように1回限りだけやりとりする関係を**短期的**な関係と呼ぶことにしましょう。しかし，現実の社会では，同じ相手と繰り返しやりとりする**長期的**な関係が多くあります。たとえば，取引関係，友人関係，国家間の協力関係があげられます。本章では，短期的な関係と長期的な関係の違いについて考えていきましょう。

1 短期と長期における意思決定

実験で考える

まず次のような状況を想定してみましょう。顧客と企業の担当者がプレイヤーの状況です。あなたは企業の担当者だとしましょう。まず，顧客が仕事を発注するかしないかを決定します。発注しない場合は，何も利害関係が生じないのでお互いに0を得ることになります。

顧客が企業に仕事を発注するとした場合，企業の担当者は仕事をする・しないの2つから1つを選ぶことができます。[仕事をする] を選択すれば，あなたの企業も仕事を発注した顧客も2を得ることができます。[仕事をしない] を選択すれば，あなたの企業は仕事をするコストを減らすことができるので4を，顧客は発注した仕事が終わらないままになるので−1となります。この状況は**実験3.1**で，ゲームの木を用いて表しています。

実験3.1

次の展開形ゲームで表されているような状況を考えてください。

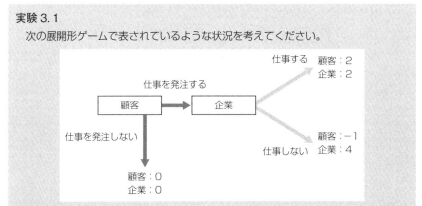

(a) あなたが企業の担当者だとすると，[仕事する] [仕事しない] のどちらを選びますか？ その選択をしたのはなぜですか？

(b) もし，[仕事しない] を選択した場合にこの顧客から「二度と仕事がもらえない」とします。あなたが企業の担当者だとすると，[仕事する] [仕事しない] のどちらを選びますか？ その選択をしたのはなぜですか？

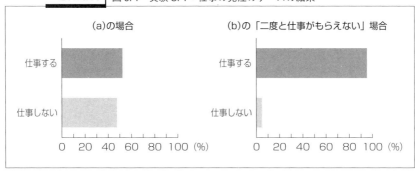

実験結果を確かめる

実験3.1の結果を図3.1に示しています。

意思決定理由：短期と長期

（a）で「仕事する」を選ぶ

- 仕事をしなければ確かに企業のポイントは増えるが，企業の評価に関わり今後，顧客が減ってしまうかもしれないことを考えると仕事をしたほうが結果的に得になると考えたから。
- 顧客と企業の間の関係はなるべく良好な方が良いと思うから。

（a）で「仕事しない」を選ぶ

- 仕事をする時より，得をするから。
- 4もらえるから。

（b）で「仕事する」を選ぶ

- 仕事を少なくとも2回すれば，仕事をしなかった時以上にポイントを得ることが出来るため，長期的に見ると得をすると判断したから。
- 2回以上仕事を発注されると利得が高くなるから。

（b）で「仕事しない」を選ぶ

- 他の顧客が多数存在する場合を想定したから。
- 2回仕事したときと仕事をさぼったときで同じポイントが得られるなら，その顧客を切って別の顧客にあたればよいと考えたから。

実験3.1の（a）は，1回限りの短期的な関係を想定していました。一方で（b）は，長期的な関係を想定してもらいました。実験結果から見てとれるとおり，（b）では（a）と比べて「仕事する」を選んだ人の割合が大幅に増えて

Column ❸-1　実験時の項目名

　多くの実験では，「選択肢 A と選択肢 B」「選択肢 1 から 5」というような項目名がつけられます。その理由としては，選択肢以外の部分で実験に参加している人が自分で考える余地があるのを防いだり，項目名によって影響を受けないようにするためです。

　実験 3.1 の意思決定理由から，ほかにも顧客がいることを想定して意思決定している人がいることがわかりました。もちろん，現実の多くの企業では顧客が 1 つしかない状況は考えられにくいのですが，実験説明では他の企業については言及していません。実験説明以外の箇所で，一部の参加者の意思決定にだけ影響が出ていることがわかります。

　もちろん，参加者の方にわかりやすく伝えることが実験においてとても大事になりますので，具体的な設定で実験を実施する場合もあります。どのような項目名や設定にするか，実験者は気をつける必要があります。

いています。また，意思決定理由から（a）の場合でも「今後（将来）」を考えて意思決定がなされていることがわかります。これらの人が，実験で想定している，この企業と顧客の関係は今回限りのものであるという前提で意思決定をしていたら，最初の質問で「仕事をしない」を選んだ人の割合はより高くなっていた可能性があります。

　現実でも，あるイベントでしか会わないような人や，学校で同じクラスの人，同じ会社となった人，ご近所の人までさまざまな関係と期間があることを考えてみましょう。実験 3.1 の（a）と（b）では，「二度と仕事がもらえない」という今後の関係性を示唆した部分だけを変えて意思決定を行い，結果も大きく変わっていることがわかりました。では，なぜ期間が変わると意思決定も変わるでしょうか？　この点について，経済学の枠組みで考えてみましょう。

繰り返しゲーム

実験で考える：1回限りのゲーム

まず，1回限りのゲームの実験を行いましょう。

実験3.2：1回限り
次の利得表で表されているような状況を考えてください。

		相手	
		A	B
あなた	A	2, 2	0, 3
	B	3, 0	1, 1

2人1組のペアになります。相手が誰かはわかりません。この相手とは1回だけやりとりし，再び会うことはありません。
1. あなたはAとBのどちらを選びますか？
2. その選択をしたのはなぜですか？
3. あなたの相手はどちらを選ぶと思いますか？
4. 相手がその選択をすると思ったのはなぜですか？

実験で考える：有限回繰り返し

では，次に，2人1組で，同じゲームを同じ相手と2回繰り返す実験を行いましょう。

実験3.3：2回繰り返し
下の利得表で表されているような状況を考えてください。
2人1組のペアになります。相手が誰かはわかりませんが，同じ相手と同じゲームを2回繰り返して実験します。
・1回目：
  1. あなたはAとBのどちらを選びますか？

2. その選択をしたのはなぜですか？

3. あなたの相手はどちらを選ぶと思いますか？

4. 相手がその選択をすると思ったのはなぜですか？

- 2回目：1回目に（a）相手がAを選んだ場合と（b）相手がBを選んだ場合の
それぞれについて，次の質問に答えてください。

1. あなたはAとBのどちらを選びますか？

（a）　相手が1回目にAを選んだ場合

（b）　相手が1回目にBを選んだ場合

2. その選択をしたのはなぜですか？

3. あなたの相手はどちらを選ぶと思いますか？

4. 相手がその選択をすると思った理由はなぜですか？

		相手	
		A	B
あなた	A	2, 2	0, 3
	B	3, 0	1, 1

実験で考える：繰り返し回数があらかじめ決まっていない場合

　最後に，先ほどまでと同じゲームですが，新しい相手と2人1組で，あらか
じめ繰り返す回数が決まっていない場合の実験を行いましょう。

実験3.4：長期（繰り返し回数があらかじめ決まっていない）
　次の利得表で表されているような状況を考えてください。

		相手	
		A	B
あなた	A	2, 2	0, 3
	B	3, 0	1, 1

　同じ状況が何度も繰り返されるかもしれない状況です。2人1組のペアになります。
相手が誰かはわかりませんが，すべての繰り返しで同じ相手とやりとりします。繰り
返しの回数はランダムに決定されます。毎回の終わりに，コンピューターが1から
100までの整数を無作為に選びます。すべての数字は同じ確率で選ばれます。選ばれ

た数字の値が 80 以下であれば，次の回に進みます。

- 1回目：
  1. あなたは A と B のどちらを選びますか？
  2. その選択をしたのはなぜですか？
  3. あなたの相手はどちらを選ぶと思いますか？
  4. 相手がその選択をすると思ったのはなぜですか？

2回目以降は，実際の実験では表示される内容は異なりますが，例として考えましょう。

- 2回目：1回目で相手は [A] を選び，コンピューターが選んだ値が 11 だったので，2回目に進みます。
  1. あなたは A と B のどちらを選びますか？
  2. その選択をしたのはなぜですか？
  3. あなたの相手はどちらを選ぶと思いますか？
  4. 相手がその選択をすると思ったのはなぜですか？
- 3回目：2回目で相手は [B] を選び，コンピューターが選んだ値が 52 だったので，3回目に進みます。
  1. あなたは A と B のどちらを選びますか？
  2. その選択をしたのはなぜですか？
  3. あなたの相手はどちらを選ぶと思いますか？
  4. 相手がその選択をすると思ったのはなぜですか？
- コンピューターが選んだ値が 92 だったのでこの回で終了します。第 3 期目で相手は [A] を選びました。あなたの意思決定の結果による第 3 期目までの利得の累計を計算してみましょう。

それでは，これらの実験を理論的に分析してみましょう。今回の実験では，同じゲーム（同じ相手と同じ利得表）が繰り返されます。このように同じゲームが何度も繰り返される状況を想定し，その複数回繰り返したゲームを 1 つの大きなゲームとしてとらえたものを**繰り返しゲーム**と呼びます。

┃ 理論で考える：1 回限りの場合 ┃

まずは，実験 3.2 の 1 回限りの場合を考えてみます。このゲームは戦略形ゲームになっています。相手の戦略を予測したときの最適反応は，相手が何を出してこようと B を出すことになります。相手があなたの戦略を予測したと

きの最適反応も，あなたが何を出してこようとBになり，ナッシュ均衡とし
て（B, B）の組み合わせとなります。利得は違いますが，第1章で学んだ囚人
のジレンマと同じになっていることを振り返ってみてください。

理論で考える：有限回（2回）繰り返す場合

　次に，実験3.3の2回繰り返す場合を考えてみます。終わりが決まってい
るので，展開形ゲームで部分ゲーム完全均衡を求めたときのように後ろ向き推
論を用いて考えましょう。まずは2回目を考えます。この回で終わりなわけで
すから，これはゲームを1回だけプレイするのと同じ状態です。よって，それ
ぞれのプレイヤーは支配戦略であるBを選びます。それでは，1回目はどうで
しょうか？ それぞれのプレイヤーは，1回目に何を選ぼうと，2回目には相手
がBを選ぶことを見越して意思決定します。1回目の選択が，2回目の相手の
選択に影響を与えないわけですから，1回目も1回だけプレイするのと同じよ
うに，支配戦略であるBを選ぶでしょう。そのため，ゲームを2回繰り返し
たとしても，1回限りプレイする場合と同じく，毎回，2人ともBを選ぶのが
部分ゲーム完全均衡となります。

　今回は，議論を単純にするために2回だけ繰り返す場合を考えましたが，ゲー
ムを何回繰り返そうが，繰り返しの回数が有限であらかじめ決まっている場
合には，同じ論理を用いることができ，部分ゲーム完全均衡においては，最初
から最後まで，2人ともBを選ぶことを示すことができます。

理論で考える：繰り返し回数が事前にわからない場合

　では，実験 3.4 の繰り返し回数があらかじめ決まっていない場合はどうでしょうか？　この場合は，毎回，80％の確率でゲームがもう一度繰り返されるので，場合によっては無限回繰り返されるかもしれず，どの回が最後なのかを考えることができません。よって，繰り返しの回数があらかじめ決まっている際に用いたような最後の回から順に前に戻ってくるという後ろ向き推論の考え方を使うことができません。その代わりに，次のように考えてみましょう。

　たとえば，あなたは，最初の回で A を選び，その後は，前回，相手が A を選んだ場合は A を選ぶが，一度でも相手が B を選んだら，その後は永久に B を選び続けると決めてこのゲームに臨んだとしましょう。また，相手も同じように決めているとします。この場合は，ゲームが続くかぎり 2 人とも A を選び続けることになります。お互いがこのような行動ルール（繰り返しゲームでの戦略）を選ぶことが部分ゲーム完全均衡かどうかを確かめてみましょう。均衡であれば，どちらのプレイヤーもこの戦略から逸脱することでより高い利得を得ることはできないはずなので，これを確認してみましょう。

　これまで，あなたも相手が前述の戦略に従ってきたので，2 人とも A を選び続けてきたとしましょう。今回，相手は同じ戦略を取り続けているという前提のもとで，あなたが A ではなく，B を選ぶことでより高い利得を得ることができるかどうか検討してみましょう。相手は今回も A を選ぶはずです。このとき，あなたが A ではなく，B を選ぶことで，あなたが今回受け取る利得は 2 から 3 に増えます。ただ，あなたが今回 B を選んだことで，前述の戦略に従って行動している相手は，次回から永久に B を選び続けるでしょう。相

手が B を選び続けるのであれば，あなたも B を選び続けるのが最適反応となることは容易に理解できるかと思います。この結果，次回以降の利得はゲームが続くかぎり 1 となります。これは，次のように書くことができます。今回 B を選ぶことで将来にわたって受け取ることができる利得の流れは，

$$\Pi_B = 3 + 0.8 \times 1 + 0.8^2 \times 1 + 0.8^3 \times 1 \cdots = 3 + \frac{0.8}{1 - 0.8} \times 1 = 7$$

となります。これは，今回相手が A を選び，自分が B を選択した場合の利得である 3 が最初に書かれています。その後，0.8（80%）の確率でゲームが繰り返されますが，このときは，前述の戦略に基づき，自分だけではなく相手も B をとってくるので，利得が 1 となる一方，残り 20% の確率でゲームが終了し，利得が 0 となるので，その期待値である 0.8×1 が続きます。さらに，3 回目は，0.8×0.8（$= 0.8^2$）の確率でゲームが繰り返され，その際も，自分だけではなく相手も B を選ぶので，利得は 1 となり，その期待値である $0.8^2 \times 1$ という具合に，無限回ゲームが繰り返される可能性を考慮しています。最後に，$\Pi_B = 7$ となるのは，$X = 0.8 \times 1 + 0.8^2 \times 1 + 0.8^3 \times 1 \cdots$ とおくことで，$0.8X = 0.8^2 \times 1 + 0.8^3 \times 1 \cdots$ なので，$X - 0.8X = 0.8 \times 1$ から，$X = (0.8/(1 - 0.8)) \times 1$ と計算できるからです。一方で，これまでどおりの戦略に基づいて，今回も A を選ぶのであれば，将来にわたって受け取ることにできる利得の流れは

$$\Pi_A = 2 + 0.8 \times 2 + 0.8^2 \times 2 + 0.8^3 \times 2 \cdots = 2 + \frac{0.8}{1 - 0.8} \times 2 = 10$$

となります。これは，今回 A を選ぶことで，今後も，自分も相手も A を選び続けることから得られる利得 2 に基づいて，計算されます。

　すでに見たように，この場合は $\Pi_B < \Pi_A$ なので，あなたは，戦略を変更せず今回も A を選んだ方が利得が高いことが確認できます。同様に，相手も戦略を変更してより高い利得を得ることはできません。よって，前述の戦略の組み合わせは均衡であることが確認できます。

　この分析で明らかになったように，最終回があらかじめ決まっていないゲームでは，ある繰り返し回での選択が，相手の将来の行動と自分が受け取る利得にも影響を与える可能性が常にあります。今回の例では，B を選ぶことで，その回の利得が 2 から 3 に 1 増加する一方，その結果，将来得られるであろう期

Column ❸-4　被験者内比較と被験者間比較

　繰り返しの影響を見る多くの実験においては，1回限りの場合，有限回繰り返す場合，繰り返す回数が事前にわからない場合の比較といったように，設定間での結果を比較できるようなデザインがあります。

　実験を実施する際には，同じ参加者が複数の条件（設定）に参加して，条件間で結果を比較する被験者内比較（ウィズイン・サブジェクト，within-subject）と，異なる参加者がそれぞれの条件に参加して，条件間で結果を比較する被験者間比較（ビトウィーン・サブジェクト，between-subject）という2つの実施方法が代表的です。

　授業内で行った実験では，実験説明を事前に行い，そのあとで授業の参加者全員に同じ実験に参加してもらっていました。今回の実験のように，参加者がすべての実験条件に参加するので被験者内比較の実験となります。被験者内比較だと，個人ごとに設定間の行動の違いを分析することができますが，実験時間が長くなったり，実験実施の順番が実験結果に影響を与える可能性があります。たとえば，繰り返し回数が事前にわからない条件の実施の後に1回限り条件を実施した場合と，逆に1回限り条件を実施した後に繰り返し回数が事前にわからない条件を実施した場合では，前者は繰り返しの回数が事前にわからない場合の協力率（協力する参加者の割合）の高さに引っ張られて，1回限り条件でも協力率が後者よりも上がる可能性があります。このように，実験の順番の影響で結果が変わることを**順序効果**と呼びます。ほかにもこれまでの実験から学んで意思決定を変えていく**学習効果**というものもあります。多くの実験では，このような影響を最小限にするためにランダムな順番が用いられています。

　被験者間比較の実験の場合は，ある人は1回限り条件にだけ参加し，別の人は繰り返し回数が事前にわからない条件にだけ参加します。実験時間は，被験者内比較の実験よりも短くなり，実験実施の順番も気にする必要はありませんが，より多くの参加者を集めて実験を実施する必要があります。

待利得が8から4に4減るわけです。このように，将来への影響を常に考慮して意思決定する必要があるからこそ，繰り返しの回数があらかじめ決まっている場合では均衡ではなかった「2人ともAを選択し続けること」が均衡となりうるのです。この分析を通じて，本章の最初の実験で，参加者が「今後の関

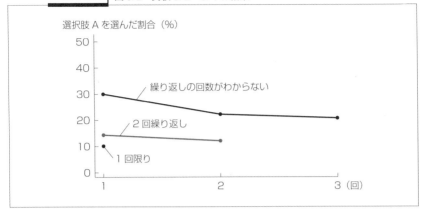

選択肢Aを選んだ割合（％）

繰り返しの回数がわからない

2回繰り返し

1回限り

（回）

係に影響しかねない」ことを理由に［仕事をする］を選んだように，長期的に
関係が続く可能性があることが，人々の行動を律していることを再確認できた
かと思います。

実験結果を確かめる：繰り返し

それでは，繰り返しの影響を見ていきましょう。同じ利得表を実験3.2で1
回限り，実験3.3で2回繰り返し，実験3.4で事前に回数がわからない設定
で実験を実施しました。ただし，授業では3回で終了しています。

図3.2は，縦軸にAの選択割合をとったグラフです。回数が事前にわかる
ような繰り返しの状況での理論的な予測は全員がBを選ぶこと，事前にわか
らない状況では全員がAを選ぶことが理論的な予測でした。事前にわからな
い状況の方がAを選ぶ割合が高くなっていることがわかります。

意思決定理由：繰り返し
- 1回限り
  - ・Bを選ぶのが支配戦略だから。
  - ・1度しかやり取りがないので，相手が損をしても自分が得をする選択をすべきだ
    から。
- 2回繰り返し
  - ・相手がどちらを選んでも最適反応になるから。
  - ・2回選択できるので，Aを選んだほうが利益を多く得られる可能性。

- 事前に繰り返し回数がわからない
  - 長い期間選択するので両者が得になる選択をすればそれが続くと思ったから。
  - 来るかもしれない2回目以降に備えて，相手がAを選びやすくなるようにAを選んだ。

Column ❸-5　ビジネスケース：大型タービン発電機

　それでは，長期的な関係を持つことの影響に関して，クレプス（Kreps, 2019, Ch. 3）に紹介されているアメリカの大型タービン発電機のメーカーの事例を見てみましょう。

　大型タービン発電機は，発電所で用いられる電気をつくりだす大きな機械です。発電所の仕様に合わせて設計し生産する必要があり，1950年代後半のアメリカでは，ゼネラル・エレクトリック（General Electric：GE），ウェスティングハウス（Westinghouse：W），アリス・チャルマーズ（Allis-Chalmers：AC）の3社のみが製造していました。当時の3社の市場シェアは，おおよそGEが60％，Wが30％，ACは10％でしたが，それぞれ高い利益を得ていました。大型タービン発電機を購入するのは，主に電力会社であり，電力会社は，新しい発電機を購入する際には，競争入札を通じて納入業者を決定します。競争入札では，通常は，技術的な条件を満たし，かつ，最も低い価格を提案する企業が選ばれるため，3社が安定した市場シェアを保ちつつ，それぞれが高い利益を得ることは困難です。また，独占禁止法は，企業が相談して価格を釣り上げることを禁じていますから，3社が明示的に価格調整を行うことは法律違反となります。では，これら3社はどのようにして，競争を回避して高い利益を上げ続けたのでしょうか？

競争回避の仕組み

　クレプスによると，これら3社は，アメリカでは使用されていない太陰暦のカレンダーを用いて，入札が公表された日付に基づいてあらかじめどの企業が競り落とすかを暗黙に決定していました。たとえば，太陰暦のカレンダーの1〜17日に公表された案件はGE，18〜25日に公表された案件はW，残りはACが競り落とすというものです。入札が行われると3社の中で一番低い入札をした企業がその仕事を落札し，その仕事を請け負うことになります。日付でどの企業が競り落とすかは決まっているので，その日競り落とすことが決まっている企業が高い利益を得られる入札をします。それ以外の2社はさらに高い価格を入札します。結果，あらかじめ決められていた企業が競り

落とすことができ，高い利益を得ることができます。この仕組みは巧妙にできていたため，アメリカ司法省がこの仕組みに気づき，提訴するまで長い時間が必要でしたが，提訴によって終了しました。

　さて，なぜ，この仕組みが提訴されるまで機能したのでしょうか？　とくに，なぜ AC は 10% しかシェアがないのにもかかわらず，この仕組みに沿って入札し続けたのでしょうか？　このような暗黙の価格調整は法律に違反しているため，明示的な契約があるわけではありませんから，取り決めを破って，自分に割り当てられていない案件に対して低い価格を提示し競り落としたとしても，他の企業から訴えられる恐れはないはずです。

　しかし，次回以降は他社によってすべて競り落とされる報復が待っているかもしれません。新しい入札案件が提示される際にそれぞれの企業が直面する状況を単純化すると，暗黙の合意を守るか，合意を破って価格を下げるかとなります。他社が合意を守っている際に，自分が価格を下げるとより高い利得が得られますが，すべての企業が合意を破って価格を下げると価格競争の結果，すべての企業の利得が下がります。よって，この状況は，次の利得表に表されているように，前述の実験で考えた状況と同様に考えることができます。

		他の 2 社	
		合意を守る	合意を破って価格を下げる
自社	合意を守る	2, 2	0, 3
	合意を破って価格を下げる	3, 0	1, 1

　電力会社からの発注は長期間にわたってあるでしょうし，製品の生産に必要な技術力等を考えると新規参入も起こりにくいため，基本的には，3 社の間で同様の状況が将来にわたって繰り返されることが予想されます。よって，この事例は，繰り返し回数があらかじめ決まっていない実験と似たような状況であったと考えることができます。ですので，前述の分析と同様の考え方を用いることで，3 社の間に暗黙の合意が長期間にわたって維持されえた理由を理解することができます。

3 公共財ゲーム

実験で考える

それでは，次の実験を始めます。

実験 3.5

次のような状況を考えてください。10人1組のグループがランダムに作られます。自分のグループに，ほかに誰がいるのかはわかりません。各参加者には，初期保有としてそれぞれ40ポイントが与えられています。各参加者はこの40ポイントのうちいくらかを社会的プロジェクトに投資することができます。

社会的プロジェクトに投資しなかったポイントは，そのまま保有しておくことができます。社会的プロジェクトが生み出した利益は，プロジェクトに投資したかしなかったかにかかわらず，参加者全員に等分されるものとします。社会的プロジェクトの生み出す利益は，各参加者の投資額の合計を2倍したものと等しいとします。

1. 1回目，あなたはいくら投資しますか？
2. また，1回目にあなたのグループの投資額の合計はいくらになると思いますか？
3. この状況が10回繰り返されるとしたら，回を重ねるにつれて投資額は増加すると思いますか？ それとも減少すると思いますか？
4. それはなぜですか？
5. その予測に基づき，あなたは投資額をどのように変えますか？ それとも変えませんか？
6. それはなぜですか？

理論で考える：公共財

実験3.5は，**公共財ゲーム**と呼ばれるゲームの実験になります。まず，公共財とは何かについて考えてみます。財とは，有形のモノ・無形のサービスの総称を指します。ノート，鉛筆，PC，美容室，医療，教育，ジュースもすべて財と呼ばれます。

財は，誰かが消費をすることで，他の人が消費できる量が減るという性質

	排除性あり （お金を払う必要あり）	排除性なし （お金を払わずとも利用可能）
競合性あり （同時に利用できない）	私的財 例：アイスクリーム	共有資源 例：水産資源（魚）
競合性なし （同時に利用できる）	クラブ財 例：ケーブルテレビ	公共財 例：国防

（**競合性**）があるかどうか，また，お金を払う払わないにかかわらず誰でも消費できるかどうかという性質（**排除性**）があるかどうかから**表3.1**のとおり，4種類に分類できます。

　排除性がない場合，対価を支払わなくても財を利用することができるので，**タダ乗り（フリーライド）**をする人が発生する可能性があります。この点を，公共財ゲーム実験を例にして考えてみましょう。

　この実験でのあなたが投資額（x ポイント）を選んだときの利得は

$$(40 \text{ポイント} - x) + \frac{(2 \times \text{グループの投資額合計})}{10}$$

となります。全員が全額投資（$400 = 40 \times 10$ 人）すると，全員がそれぞれ

$$(40 - 40) + \frac{(2 \times 400)}{10} = 80$$

の利得を獲得します。このとき，10人のうち，1人がタダ乗りして0を投資，残り9人が全額投資（$360 = 40 \times 9$ 人）の場合，投資しなかった人と投資した人のそれぞれの利得は

$$\text{投資しなかった人：} \quad (40 - 0) + \frac{(2 \times 360)}{10} = 112$$

$$\text{投資した人：} \quad (40 - 40) + \frac{(2 \times 360)}{10} = 72$$

となります。つまり，個人の利得だけを最大にするのであれば，投資しない方が利得が大きくなることがわかります。より一般的には，他の人の合計投資額が X の際に，自分が x ポイントだけ投資したときの利得は，

$$(40 - x) + \frac{(2 \times (X + x))}{10} = 40 + \frac{2X}{10} - \frac{8x}{10}$$

となるので，自分の利得のみを最大にするためには，X がどのような値であっても，$x=0$ を選ぶことになります。つまり投資額 0 が支配戦略であることがわかります。すべての参加者が同様に自分の利得の最大化を考えているのであれば，全員が投資額 0 を選ぶので，全員の利得は 40 ポイントとなります。もし，全員が全額をプロジェクトに投資していれば，利得は 80 でしたので，その半分しかありません。すでに紹介した**社会的ジレンマ**が発生しているわけです。

第 2 章で紹介した社会的ジレンマは 2 人だけが参加しているゲームでしたので，2 人の間の暗黙の調整や信頼関係で解決できるだろうと考えた方もいるかもしれません。ここで紹介した公共財ゲームは 10 人が参加するゲームでしたが，このゲームは，より多くの人数が参加する状況を考えることも可能となります。より多くの人が参加している状況には，たとえば，多くの人が参加する社会の中で「自分だけポイ捨てしても問題ないだろう」や「今日は電力逼迫（ひっぱく）が起こる可能性が高いといわれているけれども，暑いし，自分だけ節電しなくても問題ないだろう」といったものがあります。このように多くの人間が参加するゲームでは，暗黙の調整や信頼関係だけでは，社会的ジレンマの問題は解決できないかもしれません。

実験結果を確かめる

実験 3.5 の結果を図 3.3 にまとめています。授業では公共財ゲームを 10 回ずつ繰り返すことを実施しました。投資額は回数を重ねるごとに下がっていますが，0 にはなっていないことが見てとれます。

多くの公共財ゲームの経済実験では今回の結果と同様に，誰も投資しないという結果は観察されません。先行研究でもいくらか（0 でも全額でもない）を投資することが確認されています。

意思決定理由：公共財ゲーム
- とりあえず多く投資しました。
- 自分のことだけ考えた。
- 返ってくる金額と出す金額が良い感じになるように調整した。
- 中盤までは全体の投資額を引っ張っていくように前回の合計より少し多めに投資し

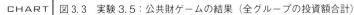

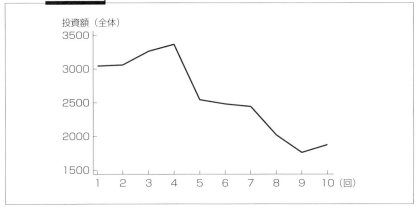

終盤 3 回は投資せず自分の利益を優先した。

- 最初は全員を信じて全額投資したが，結果を見ると 0 の人がいたっぽいのでそこからは 0 にした。
- 数回に分けて投資額を増額しチーム全体が投資に転じたと思われるタイミングで一気に投資額を減らした。
- 最初は皆が得するように全額投資したが，思ったよりもほかの人の投資額が少なかったため徐々に投資額を減らした。

4. 異時点間の意思決定

　長期的な利益を考える場合には，今と未来といったように**異時点間**での利益を比較する必要があります。**実験3.4** の無限繰り返しゲームの理論的考察では，実験が次回以降も繰り返される確率（0.8, 0.8^2, 0.8^3 等）を，次回以降受け取る可能性がある利得に掛けて，将来受け取る利得を評価していました。

　私たちの日々の生活では，繰り返しゲームのように決まった確率でゲームが次回以降も繰り返されるわけではありません。このような場合に，どのように異なったタイミングで受け取る利得を評価するのでしょうか？　ここでは，それを実験を通じて考えてみましょう。

実験で考える：今日？ または 1 年後？

次の問いに回答してみてください。あなたは，（A）今日もらう 1000 円，（B）1 年後にもらう 1000 円のどちらを選びますか？

多くの人が ［（A）の今日もらう 1000 円］を選んだのではないでしょうか。これは今日もらう 1000 円を 1 年後もらう 1000 円よりも高く評価しているからです。同じ金額でも今日と 1 年後で価値が異なるのです。今，お金を受け取って貯金すれば，1 年後には（わずかであっても）利子の分だけ金額が増えるでしょう。また，未来に受け取る金額は，今はまったく予期していない理由から受け取ることができなくなるかもしれません。これらの理由から，将来と現在で同じ金額が得られるのであれば，将来受け取る金額の価値が**割り引かれて**，今もらえる金額の方が高く評価されるのです。では，次の実験です。

実験 3.6
あなたは，それぞれの質問で，選択肢 A と選択肢 B のどちらを選びますか？

	選択肢 A	選択肢 B
質問 1	今日 1000 円もらう	1 年後に 1000 円もらう
質問 2	今日 1000 円もらう	1 年後に 1100 円もらう
質問 3	今日 1000 円もらう	1 年後に 1200 円もらう
質問 4	今日 1000 円もらう	1 年後に 1300 円もらう
質問 5	今日 1000 円もらう	1 年後に 1400 円もらう
質問 6	今日 1000 円もらう	1 年後に 1500 円もらう
質問 7	今日 1000 円もらう	1 年後に 1600 円もらう
質問 8	今日 1000 円もらう	1 年後に 1700 円もらう
質問 9	今日 1000 円もらう	1 年後に 1800 円もらう
質問 10	今日 1000 円もらう	1 年後に 1900 円もらう
質問 11	今日 1000 円もらう	1 年後に 2000 円もらう

実験 3.7
あなたは，それぞれの質問で，選択肢 A と選択肢 B のどちらを選びますか？

	選択肢 A	選択肢 B
質問 1	1 年後に 1000 円もらう	2 年後に 1000 円もらう
質問 2	1 年後に 1000 円もらう	2 年後に 1100 円もらう
質問 3	1 年後に 1000 円もらう	2 年後に 1200 円もらう
質問 4	1 年後に 1000 円もらう	2 年後に 1300 円もらう

質問 5	1 年後に 1000 円もらう	2 年後に 1400 円もらう
質問 6	1 年後に 1000 円もらう	2 年後に 1500 円もらう
質問 7	1 年後に 1000 円もらう	2 年後に 1600 円もらう
質問 8	1 年後に 1000 円もらう	2 年後に 1700 円もらう
質問 9	1 年後に 1000 円もらう	2 年後に 1800 円もらう
質問 10	1 年後に 1000 円もらう	2 年後に 1900 円もらう
質問 11	1 年後に 1000 円もらう	2 年後に 2000 円もらう

　さて，みなさんはどのように選択されたでしょうか？　どちらの実験でも，おそらく多くの方が，質問 1 では A を選び，11 では，B を選んだのではないでしょうか？　そして，2 から 10 のどこかで，A から B にスイッチされたのでないでしょうか？　そして A から B にスイッチした質問の番号は**実験 3.6** の方がより後だったのではないでしょうか？

┃ 理論で考える：割引因子と現在バイアス ┃

　例として，**実験 3.6** では，1 から 5 までは A を選び，6 から 11 までは B を選び，**実験 3.7** では，1 から 2 までは A を選び，3 から 11 までは B を選んだ人がいるとして，この人の選択に関して考えてみましょう。

　実験 3.6 では，問題 6 で A から B にスイッチしているので，この人が 1 年後受け取る金額で，今日の 1000 円と同じ価値を見出しているのは，1400 円から 1500 円の間となります。今，議論を簡単にするために，この人にとっては，今日の 1000 円と 1 年後の 1500 円が同じ価値を持っているとします。

$$1000 = D_1 \times 1500$$

ここで D_1 は，**割引因子**と呼ばれ，この人が今日受け取る金額に比べて 1 年後に受け取る金額をどの程度割り引いているのかを示す指標です。$D_1 = 1000/1500 = 2/3$ であるので，この人にとって，1 年後に受け取る金額は今日受け取る金額に比べて 3 分の 2 の価値しかないということになります。

　同様に，**実験 3.7** では，問題 3 で A から B にスイッチしているので，この人にとって，1 年後の 1000 円と同じ価値をもっている 2 年後の金額は，1100円から 1200 円の間です。再び単純化のために，それが 1200 円だったとしましょう。すなわち，この人にとっては

$$1000 = D_2 \times 1200$$

ということですので，$D_2 = 1000/1200 = 5/6$ です。つまり，この人にとって，2年後に受け取る金額は，1年後に受け取る金額に比べて6分の5の価値しかないということです。

実験 3.6 と実験 3.7 では，2つの選択肢の間で，お金を受け取る時間に1年間の隔たりがありました。考察した例では，同じ1年間なのですが，割引因子は前者の方が小さくなっています。つまり，今と1年後のときの方が，1年後と2年後のときに比較して，将来受け取る金額をより大きく割り引いていることがわかります。

この傾向は，**現在バイアス**と呼ばれ，人々は「今」受け取るモノやサービスの価値を，将来受け取るモノやサービスに比較して過大に評価する傾向があることを示しています。現在バイアスは，人々がダイエット，運動，夏休みの宿題，老後に備えての貯金等を先延ばしする行動と関連することが知られています。このように，実験を通じて発見された人々の意思決定のさまざまな特性を明示的に考慮する経済学の分野を**行動経済学**といいます。行動経済学について，第10章でより詳しく紹介します。

┃ 実験結果を確かめる ┃

図 3.4 では，それぞれの実験で最初にBを選んだ質問の番号を選んだ割合を描画しています。どちらも質問2でBを選んだ人が多くなっていますが，すべてAを選択した人は実験 3.6 の方が大きいことが見てとれます。つまり，金額が100円単位で増加していっても今日1000円をもらいたい人が多いという現在バイアスを確認することができます。

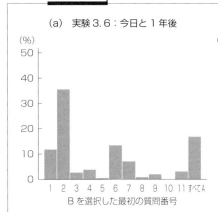

(a)　実験 3.6：今日と 1 年後

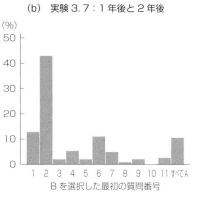

(b)　実験 3.7：1 年後と 2 年後

Column ❸-6　夏休みの宿題

　現在バイアスをより直観的に捉えてみましょう。授業で，池田（2012）を参考にして，下記 2 つの質問をしてみました。夏休みの宿題についての計画と実際の実施についてです。

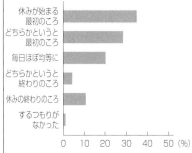

(a)　予　定

小学生や中学生のころの夏休みの宿題は，いつごろするつもりでしたか？（計画）

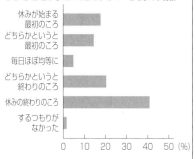

(b)　実際の実施

小学生や中学生のころの夏休みの宿題は，いつごろすることが多かったですか？（実際の実施）

　計画では「休みが始まる最初のころ」のつもりだったのに，実際には，「休みの終わりのころ」にやった人が多いことが見てとれます。将来よりも目の前の楽しさを優先してしまう人間の性質を見ることができます。もちろん，現在バイアスも人によって違いますので，リスク態度と同様に個人属性の 1 つとして考えることができます。

SUMMARY ●まとめ

- □ 1 長期的な関係の中での意思決定では，意思決定の短期的な影響と長期的な影響のどちらも考慮する。
- □ 2 同じゲームが高い頻度で無限に繰り返される場合は，1回限りのゲームではナッシュ均衡とならなかった戦略の組み合わせが，繰り返しゲーム戦略の組み合わせの均衡の結果として観察されうる。
- □ 3 排除性も競合性もないような財を，公共財と呼ぶ。
- □ 4 公共財の提供には，タダ乗り問題がある。
- □ 5 人々は，将来受け取る利得は割り引いて評価する。
- □ 6 人々は，今すぐ受け取る利得（や支払わなければならない費用）を過大に評価する傾向があり，これを現在バイアスと呼ぶ。

EXERCISE ● 練習問題

1. 1回限り，有限回繰り返し，事前に繰り返し回数がわからないゲームで表現することができるような状況の例をそれぞれ考えてみましょう。

2. 実験 3.4 では，実験が次の回まで続く確率が 80% でした。もし，その確率が 40% だったときに，本文で考察した繰り返しゲーム戦略「最初の回で A を選び，その後は，前回，相手が A を選んだ場合は A を選ぶが，一度でも相手が B を選んだら，その後は永久に B を選び続ける（このような戦略をグリムトリガー戦略といいます）」を両方のプレイヤーが選ぶことは部分ゲーム完全均衡になるでしょうか？ 確認してください。

3. 実験 3.4 では，毎回の利得表やもう一度ゲームが繰り返される確率は固定でしたが，Column ❸-5 の大型タービン発電機の事例では，案件に応じて利得の値も毎回異なったでしょうし，案件ごとに次の案件が出てくるまでの期間も異なったことでしょう。これらの違いが意思決定にどのような影響を与えうるのか考えてみてください。

4. （プログラミング練習問題） 前章で作成した新しいプログラム［chusen］に，［survey］のプログラムを参考にしながら，「あなたはこの抽選に参加しますか」という質問を追加してみましょう。

5. （プログラミング練習問題） 公共財ゲームの初期保有を 100 ポイントに変更し，入力が 0〜100 で可能になるように設定してゲームを実施してみましょう。

第4章

市場取引

イントロダクション

みなさんがスーパーマーケットで日々の買い物をする際には，（閉店時間近くに値下げされる寿司や刺身ばかりを狙って日々買い物をしている場合を除いて）売り手や他の買い手の行動を予測しながら意思決定するのではなく，提示されている商品の「価格」を見て，買うか買わないかを決めていることが多いでしょう。実際，多くの経済行動は，多くの人々が「価格」を介して間接的に相互作用することで成り立っています。では，価格とはどのように決まるのでしょうか？本章では，実験を通じて市場取引と市場における価格がどのように決まるかについて考察し，需要，供給，市場均衡，消費者余剰，生産者余剰，総余剰といった概念を学びます。

本章で紹介する市場は，**連続ダブル・オークション**と呼ばれる形式のものです。みなさんが，オークション（競売）と聞いて真っ先に想像するのは，美術品や魚等を売りに出す売り手が 1 人いて取り仕切り，参加する複数の買い手が徐々に価格を競り上げていくものかと思われます（このような市場は第9章で学

びます）。実は，市場の価格もオークションの方法を用いて決まっているのです。連続ダブル・オークションでは，複数の売り手と買い手が市場に参加し，買い手が価格を競り上げていく一方，売り手が価格を競り下げていきます。こうして買い手と売り手の間の価格競争を通じて，取引が生じていく市場なのです。最近の株式市場などを想像してもらうと理解が早いかもしれません。

1 市場取引とは

　市場（マーケット）とは，商品・サービスが欲しい人（買い手）と商品・サービスを提供したい人（売り手）が出会う場のことを指します。スーパーマーケットやオンラインショップで並んでいるような商品の価格は，どのようにして決まっているのでしょうか？ 日本の街中の自動販売機で売られている 500 mℓ の飲み物の価格を聞いても，1 万円と答える人はまずいないでしょう。ばらつきはありますが，100〜160 円あたりの回答が多いのではないでしょうか。ここでは，どのようにして価格がだいたい同じになる（収束する）のかを考えていきます。

▌市場の参加者▐

　市場への参加者は，その商品を買いたい**買い手**と，商品を売りたい**売り手**です。モノ・サービスの値段・代金を**価格**といい，ここでは，価格によって商品が売り買いされるとします。

▌評 価 額▐

　たとえば，1 つ 100 円で買うことができる自動販売機であなたと友人が飲み物を買う場面を想像してください。コーヒー（ブラック）・コーヒー（微糖）・紅茶・オレンジジュース・お茶の 5 つの飲み物が売られていたとしましょう。100 円という価格は同じなので，どの飲み物でもよいということになりますか？

　コーヒーや紅茶が飲めない人もいるかもしれませんし，絶対にオレンジジュ

ースが飲みたい人もいるでしょう。このように価格は同じですが，価値は1人
ひとり違います。（商品）**評価額**（価値・評価値）はあなたが支払ってもよいと
思う最大額です。コーヒーや紅茶が飲めない人のコーヒー・紅茶に対する商品
評価額は0円と考えることができ，絶対にオレンジジュースが飲みたい人は
100円よりも高い評価額を心の中で思っているでしょう。ほとんどの場合は自
分にしかわからない評価額があります。みなさんは自動販売機で売られている
オレンジジュースに対して，どのくらいの評価額を持っていますか？

▌市場の参加者の評価額を用いた利得 ▌

　商品を買うのは，評価額がそのモノの価格を上回っているからです。逆に買
わないのは，評価額がそのモノの価格を下回っているからです。あなたと友人
の買う飲み物は同じかもしれませんし，違うかもしれません。他の人がその商
品に対して，どのような評価額を持っているかはわかりません。しかし，価格
（支払額）は同じ100円なので，商品評価額−価格があなたの利得になります。

　この場合の売り手は自動販売機を設置している業者です。なぜ100円で売っ
ているかを考えると，一番の理由は100円で販売して儲かるからでしょう。売
却価格は100円で，販売するための費用（ここでは生産コストと呼ぶことにしま
しょう）はそれ以下だと考えられます。売り手にとっての評価額は生産コストで
あると考えましょう。売り手は，売却価格−評価額（生産コスト）の利得を得
ることができます。もちろん自動販売機はたくさんありますので，同じ商品が
120円で売られていたり150円で売られていたりもします。

　買い手は同じ商品を100円であれば買っても，150円だと買わないという判
断をする場合があります。異なる商品評価額を持った買い手が多数いて，異な
る生産コストを持った売り手が多数いる場合に，どのような価格に落ち着くか
を本章では見ていきます。

2 市場における取引

実験で考える：連続ダブル・オークション

　この実験では，みなさんに，「買い手」もしくは「売り手」のいずれかの役割が割り当てられます。みなさんは，割り当てられた役割で**オンライン市場**において，リアルタイムに取引をすることになります。実際の実験では，図 4.1 のように売り手と買い手が提示している価格が表示されています。

CHART 図 4.1　市場プラットフォームの画面の例

(1)　買い手の場合

あなたの役割は　**買い手**　です。
この市場には買い手が 100 人，売り手が 100 人います。

このページでの残り時間 ▮▮▮▮

あなたの評価額（これ以下の額で購入して下さい。）	25
あなたが所持している財の量	0

☐	新たに価格を入札する

買注文	価格	売注文	取引履歴	契約価格
⋮	⋮	⋮	⋮	⋮

(2)　売り手の場合

あなたの役割は　**売り手**　です。
この市場には買い手が 100 人，売り手が 100 人います。

このページでの残り時間 ▮▮▮▮

あなたの評価額（これ以上の額で販売して下さい。）	18
あなたが所持している財の量	1

☐	新たに価格を入札する

買注文	価格	売注文	取引履歴	契約価格
⋮	⋮	⋮	⋮	⋮

《買い手》　買い手は商品を1つ，売り手から買いたいと考えています。商品を買うことで，買い手は自らの（商品）評価額から，価格を差し引いたポイントを利得として得ることができます。取引を行わなかった（商品を購入しなかった）場合，買い手が取得できるポイントは0です。

$$
買い手の利得 = \begin{cases} （商品）評価額 - 価格 & 取引を行った場合 \\ 0 & 取引を行わなかった場合 \end{cases}
$$

《売り手》　売り手は商品を1つ持っていて，これを売りたいと考えています。商品を売ることで，売り手は販売価格から評価額（仕入値・生産コスト）を差し引いたポイントを利得として得ることができます。取引を行わなかった（商品を売らなかった）場合，売り手が取得できるポイントは0です。

売り手の利得

$$
= \begin{cases} 価格 - 評価額（仕入値・生産コスト） & 取引を行った場合 \\ 0 & 取引を行わなかった場合 \end{cases}
$$

《売り手のコストと買い手の評価額》　この実験は，バーグストロームとミラーの教科書（Bergstrom and Miller, 1999）の第3章のものを参考にしており，買い手の評価額と売り手の生産コストは**表 4.1**のようになっています。市場への

CHART | 表 4.1　実験 4.1～4.3 の設定

買い手		売り手	
商品評価額	人数	生産コスト	人数
45	17	3	17
40	17	8	17
35	17	13	17
30	17	18	17
25	16	23	16
20	16	28	16

参加者は買い手が 100 人，売り手が 100 人，全員で 200 人としました。この表の見方は，たとえば，商品評価額 20 の買い手が 16 人いるというように見ます。あなたはこの表にある評価額か生産コストを持ったいずれかの買い手または売り手になります。

理論で考える：市場均衡

　表 4.1 に基づいて，市場における需要関数と供給関数を図にしていきましょう。**需要関数**とは，買い手に着目し，縦軸に価格をとり，横軸にその価格で買いたい数量（人数）をとったグラフです。**供給関数**とは，売り手に着目し，縦軸に価格をとり，横軸にその価格で売りたい数量（人数）をとったグラフです。

　市場における需要関数や供給関数は，個人の需要関数や供給関数の総和となるので，まずは，個人レベルの需要関数や供給関数を考えてみましょう。例として，評価額が 45 の買い手の需要関数を考えてみます。

　この買い手が取引から得られる利得は，取引価格を p とすると $45-p$ です。よって，価格 p が 45 よりも高いと利得が負になります。取引をしなかった場合の利得が 0 なので，$p>45$ では，取引をしない需要量は 0 となることがわかります。一方で，$p<45$ の場合は，取引を行うことで正の利得を得ることができますが，実験設定から取引できるのは最大 1 個なので，$p<45$ の場合の需要

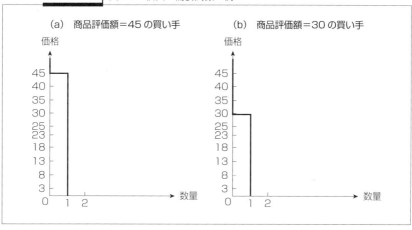

CHART | 図4.2 個人の需要関数の例

(a) 商品評価額＝45の買い手   (b) 商品評価額＝30の買い手

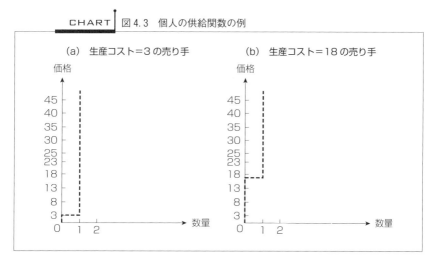

CHART | 図4.3 個人の供給関数の例

(a) 生産コスト＝3の売り手   (b) 生産コスト＝18の売り手

量は1となります。$p=45$ の場合は，取引してもしなくても利得は0なので，需要量は0かもしれないし1かもしれません。

　同様に，他の商品評価額を持つ買い手に関しても，個人レベルの需要関数を求めることができます。図4.2に商品評価額が45と30の買い手に関しての個人の需要関数を示しています。

　次に，売り手の場合はどうでしょうか？ 例として，生産コストが3の売り手の供給関数を考えてみましょう。この売り手が取引から得られる利得は，取

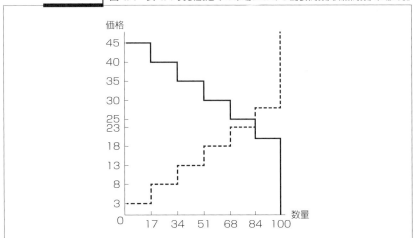

引価格を p とすると $p-3$ なので, 価格 p が3よりも低いと利得が負になります。取引をしなかった場合の利得が0なので, $p<3$ では, 供給量は0となることがわかります。一方で, $p>3$ の場合は, 取引を行うことで正の利得を得ることができますが, 実験設定から取引できるのは最大1個なので, $p>3$ の場合の供給量は1となります。$p=3$ の場合は, 取引してもしなくても利得は0なので, 供給量は0かもしれないし, 1かもしれません。

　同様に, 他の商品評価額をもつ売り手に関しても, 個人レベルの供給関数を求めることができます。図4.3に生産コストが3と18の売り手に関しての個人の供給関数を示しています。

　市場における需要関数と供給関数は, 市場に参加している個人の需要関数と供給関数の総和です。つまり, 可能な価格それぞれに対して, その価格のもとでの個人の需要量や供給量を足し合わせたものとなります。たとえば, 最も商品評価額が高い買い手の評価額を超える価格 ($p>45$) であれば, すべての買い手の需要量が0なので, 市場における需要量も0となります。その一方で, この価格であれば, すべての売り手の供給量が1となるので, 市場における供給量は, 売り手の人数と等しくなり100となります。逆に, 最も生産コストが低い売り手の生産コストを下回る価格 ($p<3$) であれば, すべての売り手の供給量が0となるので, 市場における供給量も0となる一方, この価格では, すべ

Column ❹-1　需要曲線・供給曲線は直線か？

　需要・供給というと下の図のように直線を想像した方も多いのではないでしょうか？

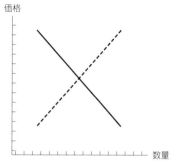

　実はこのようなこの直線のグラフは，多くの場合は階段状になっている図4.4を単純化したものになっています。スーパーマーケットでリンゴを買うときを考えてみると，私たちは1個単位でリンゴを購入します。「3分の1だけください」という買い方はほとんどのお店ではできません。このように直線では表すことができない商品が多いのですが，数学的な計算がしやすいなどの理由から単純化のために直線にしてあることが多いのです。どちらのグラフであっても，市場には多くの参加者がいて，参加者が集まることで市場のグラフが描画できることは意識したいところです。

ての買い手の需要量が1となるので，市場における需要量は，買い手の人数と等しくなり100となります。

　図4.4は，この実験市場（表4.1）における需要関数（実線で表示），供給関数（点線で表示），そして，市場均衡を示しています。まず需要関数を見てみましょう。価格が45を超える場合は，すでに述べたように取引がありません。価格が45未満になると，評価額が45の17人の買い手がそれぞれ1個需要するので，需要量が17となります。次に価格が40未満になると，この17人に加えて評価額が40の17人の買い手もそれぞれ1個需要するので，需要量が34に増えます。同様に，価格が下がり，評価額未満となるたびに新たな買い手の需要量が追加されていくのに合わせて，市場における需要量は図で示されたように，階段状のものとなります。

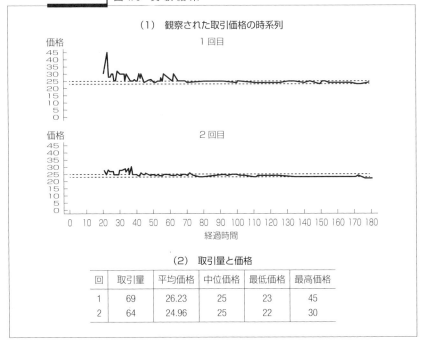

CHART 図4.5 実験結果

(1) 観察された取引価格の時系列

価格
1回目

価格
2回目

経過時間

(2) 取引量と価格

回	取引量	平均価格	中位価格	最低価格	最高価格
1	69	26.23	25	23	45
2	64	24.96	25	22	30

　供給関数も同様に，価格が3未満の場合はすでに述べたように，供給量は0となります。3を超えると，生産コストが3の売り手17人がそれぞれ1個供給するので，供給量が17となります。次に価格が8を超えると，この17人に加えて，生産コストが8の17人もそれぞれ1個供給するので，供給量が34に増えます。このように価格が上がり，生産コスト以上になるたびに新たな売り手の供給量が追加されていくのに合わせて，市場における供給量は図に示されたように，階段状のものとなります。もし，商品評価額や生産コストが非常に細かい単位で異なる市場参加者が多数いる場合は，この図は，よりスムーズな直線や曲線に近いものとなります（章末の練習問題を参照）。

　市場均衡価格とは，需要量と供給量が一致する価格のことをいいます。これは，市場の需要関数と供給関数が交わる価格として表されます。この実験市場では，需要関数，供給関数がそれぞれ階段状なので，市場均衡価格は23と25の間のどれかとなり，このときの取引量（**均衡取引量**）は，84であることが図から読み取れます。

　需要曲線・供給曲線のシフトによって価格の上昇や下落を表すことができます。下図でざっくりとですが，例とともにまとめてみます。

図 4.6　需要と供給のシフトの例

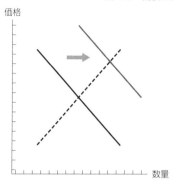

（a）　ある商品が大人気に→買いたい人が増える→需要が増える→需要曲線の右シフト：価格上昇・取引量上昇

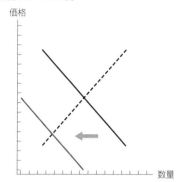

（b）　夏場に熱いもの→買いたい人が減る→需要が減る→需要曲線の左シフト：価格下落・取引量減少

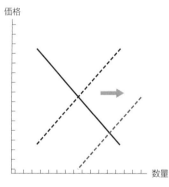

（c）　技術向上で生産できる量が増える→売るものが増える→供給が増える→供給曲線の右シフト：価格下落・取引量上昇

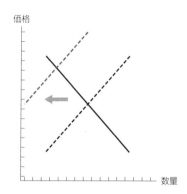

（d）　ある商品の原料不足・不作→作れないので売るものが減る→供給が減る→供給曲線の左シフト：価格上昇・取引量減少

　もちろん需要曲線や供給曲線がどちらも動く場合もありますし，その形状（傾き具合：水平や垂直の場合もある）によって，価格や供給量が動かない場合もあるでしょう。「夏に熱いもの，たとえばおでんや肉まんを見かけなくなったといって，それらの価格は下がらないのではないか」と思った人はどの曲線がどのような傾きであれば需要が減ったときに価格が変わらないか考え

てみてください。

　日々のニュースからもシフトが表す経済現象を読み解いてみます。『日本経済新聞』の 2023 年 1 月の記事によると，この冬の富山県と石川県のブリの漁獲量は昨冬比で 3〜4 倍に増えました。しかし，新型コロナウイルス感染対策のための行動制限が緩和されたことにより飲食店の需要も旺盛で，大きな値崩れは起きなかったそうです（『日本経済新聞』2023 年 1 月 19 日付電子版「北陸の寒ブリ，漁獲量 3〜4 倍」）。つまり，魚がたくさんとれたので市場にいつもよりたくさんの魚が流通し，そして，魚が欲しい人がいつもよりたくさんいたということになります。このときのブリの魚市場を考えると，供給者は魚をとってくる漁師さんたち，需要者はその魚を買いたいと思っている飲食店等として考えることができます。魚がたくさんとれるということは，供給曲線の右シフトで表すことができ価格が下がることが予想されますが（図 4.6（c）），記事にあるとおり，飲食店の需要も増えているので需要曲線も右にシフトします（図 4.6（a））。数量は増えるけれども価格は変わらない状態をグラフに書いて確認してみましょう。

実験結果を確かめる

　では，実験結果を見てみましょう。

　図 4.5 のパネル（1）は，それぞれの回で観察された取引価格の推移を表しています。横軸が経過時間で，縦軸は価格です。縦軸 25 と 23 に引いてある点線は，理論値を表しています。つまり，この点線の間であれば理論値と考えられる価格で取引されたことを表しています。1 回目では，大きく理論値からぶれていますが時間の経過とともに理論値通りに落ち着いていることがわかります。とくに 2 回目では，ほとんど理論値の間で最初から取引されています。後に説明するように，これまでの実験研究では，3 回目ぐらいで，理論上の均衡価格と取引量に収束することが知られています。

意思決定理由：市場実験

- 流れに乗り遅れて取引が成立しないことを避けるため，早めの段階で利益の小さめな数字を提示し取引が決まるようにした。時間が経ってそれでも決まらなさそうなら利益が 1 でも出るような値に設定した。

- なるべく最初は自分の利得が大きくなるように価格を入力した。時間経過につれ確実に売るもしくは買うように価格を改めて入力した。
- 取引相手の求める価格をだいたい予想して自分が得する範囲で価格を設定した。
- 特に考えずに感覚的に入力した。
- 売買が成立するように価格を調整した。

 # 3 市場取引から生じる社会的利益

理論で考える：消費者余剰，生産者余剰，総余剰

次に，市場取引から生じる社会的利益について考えてみましょう。市場取引から発生する社会的利益を考察する際には，**余剰**という概念を用います。余剰には買い手が得るものとして**消費者余剰**，売り手が得るものとして**生産者余剰**，そしてその合計である**総余剰**があります。

消費者余剰は，「それぞれの買い手がその商品やサービスを購入し消費することから得られる価値と支払った価格との差額の総和」と定義されます。実験では，「買い手がその商品やサービスを購入し消費することから得られる価値」を「商品評価額」として表現していました。よって，消費者余剰とは，それぞれの買い手が得た利得の総和となります。

生産者余剰は，「それぞれの売り手がその商品やサービスを供給するのに必要な費用とその対価として受け取った価格との差額の総和」と定義されます。実験では，「売り手がその商品やサービスを供給するのに必要な費用」を「生産コスト」として表現していたため，生産者余剰とは，それぞれの売り手が得た利得の総和となります。

図 4.7 のパネル（a）は，市場均衡価格が 24 である場合の消費者余剰，生産者余剰，総余剰を示しています。この市場均衡のもとでは，すべての取引が価格 24 で行われるので，消費者余剰は，$(45-24) \times 17 + (40-24) \times 17 + (35-24) \times 17 + (30-24) \times 17 + (25-24) \times 16 = 934$，生産者余剰は $(24-3) \times 17 + (24-8) \times 17 + (24-13) \times 17 + (24-18) \times 17 + (24-23) \times 16 = 934$，結果，消費

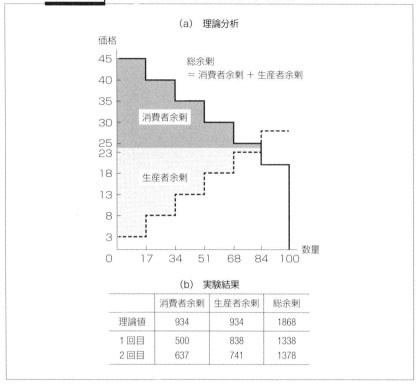

CHART | 図4.7 消費者余剰，生産者余剰，総余剰

(a) 理論分析

価格

総余剰
= 消費者余剰 + 生産者余剰

消費者余剰

生産者余剰

数量

(b) 実験結果

	消費者余剰	生産者余剰	総余剰
理論値	934	934	1868
1回目	500	838	1338
2回目	637	741	1378

者余剰と生産者余剰の和である総余剰は 1868 となります。

実験結果を確かめる

図4.7 のパネル（b）に実験結果を示しています。取引量が理論的な予測よりも少なかったので，総余剰も理論予測よりも小さい結果となっています。一方で，取引量は少なかった一方，理論上の均衡価格から大きく外れた価格での取引が少なかった 2 回目の実験で観察された余剰の方が，1 回目の余剰よりも理論値に近い値になっていることもわかります。

4 市場の合理性と個人の合理性

　参加者が実験中に獲得したポイントに応じて謝金を受け取る条件のもとで，このような連続ダブル・オークション実験を実施すると，3回目には多くの場合，理論的に導出される均衡価格での取引に収束することが知られています。たとえば，図4.8は，ゴードとサンダーが1993年に発表した論文（Gode and Sunder, 1993）の図2に報告されている実験結果です。図の左に，この実験で使用された市場が示されています。この実験では，同じ環境で実験が6回繰り返されており，各ラウンド中に成立した取引価格の時系列が図の右側にあります。この図の水平な直線は理論的に導出される市場均衡価格，各ラウンドは縦の点線で区切られています。

　最初の2回では，取引価格は市場均衡価格を上回るものが多いですが，3回目の後半には，ほぼすべての取引は市場均衡価格で成立していることが観察されます。4回目よりあとは，時折，市場均衡価格から乖離した価格での取引もありますが，ほぼすべての取引が，ラウンドの最初から最後まで市場均衡価格と一致しています。

　このように，連続ダブル・オークションの実験では，実験結果が理論的に導

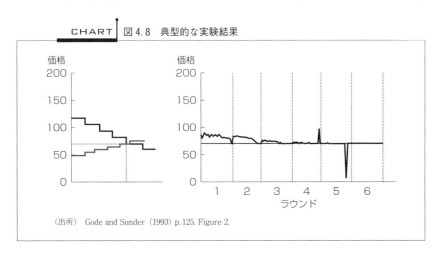

CHART ｜ 図4.8　典型的な実験結果

（出所）　Gode and Sunder（1993）p. 125, Figure 2.

出される市場均衡価格と市場均衡取引量に収束することが知られているわけですが，この収束はなぜ起こるのでしょうか？　参加者は，実験の最後まで市場参加者の商品評価額と生産コストの全体像を知ることはありません。あくまでも，同じ市場実験に数回参加し，その結果を観察することから学習していくにすぎません。では，どのような要因が参加者の学習を容易にしているのでしょうか？

　この問いに答えるために，ゴードとサンダー（Gode and Sunder, 1993）は**ゼロ知能エージェント**モデルを用いたシミュレーション（計算機実験）を行っています。ゼロ知能エージェントは，その名のとおり，まったく知能を持たず，ランダムな行動をするプログラムです。

　ゴードとサンダーは，この論文で，次の2種類のゼロ知能エージェントを用意しています。

- **ゼロ知能エージェント1**　これらのエージェントは，プログラムの中で，注文を出すように呼び出された際には，1から200の価格の中からランダムに購入希望価格（買い手）または売却希望価格（売り手）を選び，注文を出します。

- **ゼロ知能エージェント2**　これらのエージェントは，プログラムの中で，注文を出すように呼び出された際には，買い手であれば，1から自分の商品評価額の間でランダムに購入希望価格を選び，売り手であれば，自分の生産コストから200までの間でランダムに売却希望価格を選び，注文を出します。

　どちらの場合も，実験市場と同様に，最初に最高購入希望価格が最低売却希望価格を上回った際に，先に出ていた方の価格で取引が成立し，取引に参加したエージェントは，市場から退出します。

　もしすべての市場参加者がゼロ知能エージェント1であるような場合は，どのような取引価格が観察されるのでしょうか？　もしすべての市場参加者がゼロ知能エージェント2であるような場合はどうでしょうか？　少し考えてみて，価格の動きの予測を図にしてみてください。実験結果で示したように横軸に時間，縦軸に実現する取引価格をとって図を描いてみてください。図が実際に描けたら，次に進みましょう。

図4.9 ゼロ知能エージェントを用いたシミュレーションの結果

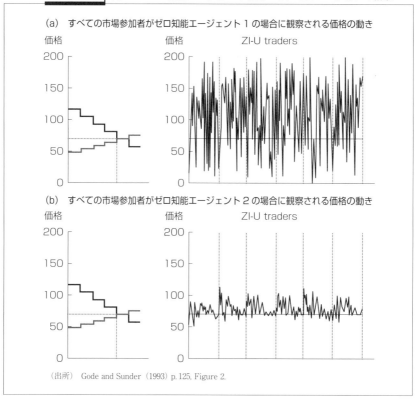

(a) すべての市場参加者がゼロ知能エージェント1の場合に観察される価格の動き

(b) すべての市場参加者がゼロ知能エージェント2の場合に観察される価格の動き

(出所) Gode and Sunder (1993) p.125, Figure 2.

図 4.9 は，このモデルのシミュレーションの結果です。図の上半分に示されている，すべての市場参加者がゼロ知能エージェント1の場合は，価格は大きく変動しまったく市場均衡価格への収束は観察されません。一方で，図の下半分に示されている，すべての市場参加者がゼロ知能エージェント2の場合には，価格の変動は，ゼロ知能エージェント1の場合と比較して小さく，また，それだけではなく，ラウンドの中（2本の縦の点線で囲まれた間）では，価格が市場均衡価格へ収束する傾向があることも見てとれます。新しいラウンドが始まると，また市場均衡価格から乖離した取引が行われるようになりますが，これはゼロ知能エージェントがまったく学習せず，ラウンドごとにすべてリセットされることを考えると当然な結果といえます。

ゼロ知能エージェント1は，まったくでたらめな注文価格を出すため，市場

に参加する人間の行動には程遠いので，観察される取引価格もでたらめとなるというのは理解しやすいでしょう。一方で，ゼロ知能エージェント 2 は，少なくとも取引をすることで損をするような価格は出さないという点で，市場に参加する人間の行動により近くなっています。とはいえ，出す注文は与えられた範囲からランダムに選ばれたものです。にもかかわらず，取引価格が市場均衡価格に収束する傾向が観察されるのはどうしてでしょうか？

　これを理解するために，どの買い手とどの売り手の間で取引が成立しやすいかを考えてみましょう。たとえば，ゴードとサンダーの実験は，最も商品評価額が高い買い手の評価額が約 120，最も評価額が低い買い手の評価額は約 60 でした。上記の行動ルールによると，前者は，1 から 120 の間でランダムに購入希望価格を出し，後者は 1 から 60 の間で購入希望価格を出します。同様に，最も生産コストが低い売り手の生産コストは約 50，最も生産コストが高い売り手の生産コストは約 80 です。前者は，50 から 200 の間でランダムに売却希望価格を出し，後者は 80 から 200 の間でランダムに売却希望価格を出します。これら 4 人を考えると，最初に取引が成立する確率が最も高いのは，評価額 120 の買い手と，生産コスト 50 の売り手の間であることに気づくでしょう。そして，取引が成立するとこの 2 人は市場から退出します。

　このように，取引期間中は常に，市場に残っている参加者の中で，評価額が最も高い買い手と生産コストが最も低い売り手の間で取引が成立する確率が最も高いことがわかります。そして，それらの売り手と買い手が退出すると，次に評価額が最も高い買い手と，次に最も生産コストが低い売り手が取引する，という具合に取引が進んでいきます。この結果，市場に最後まで残っている確率が高いのは，市場均衡価格よりもほんの少し評価額が高い買い手と市場均衡価格よりもほんの少し生産コストが低い売り手に加えて，均衡価格よりも評価額が低い買い手と生産コストが高い売り手となります。その結果，これら残った参加者での取引は市場均衡価格に近いものとなります。このため，市場均衡価格への収束が観察されるのです。

　みなさんが，実験に参加した際には，最初はとりあえず損をしないように注文を出し，他の参加者の注文や，成立した取引価格を観察しながら，自らの注文を変更していったのではないでしょうか？　もし，そうであれば，ゼロ知能

エージェント2のシミュレーションと同様，実験の1ラウンド目では，評価額の高い買い手と生産コストの低い売り手の間の取引が早めに起こり，その後，より評価額の低い買い手と生産コストの高い売り手との間の取引へと移行していくことで，価格の収束が起こります。その価格の動きを観察し，2ラウンド目からの注文を調整していくというプロセスを通じて，市場均衡価格への収束がラウンドを超えて観察されるということが示唆されます。

今後，みなさんが経済学を学習していくなかで，合理的な意思決定主体を仮定した理論分析に数多く出会うことでしょう。その際に，これらのモデルに違和感を覚えることもあるかもしれません。ただ，このシミュレーションの結果が示しているのは，それほど合理的な意思決定主体を仮定せずとも，市場均衡は達成されうるということです。つまり，ゲーリー・ベッカーが1962年に発表した論文（Becker, 1962）で述べたように「家計は合理的ではないかもしれないが，市場はかなり合理的」なのです。これは，市場取引を通じた資源配分を分析する際には，分析を簡単にするために，合理的な意思決定主体を仮定したとしても大きな問題はない場合もあることを示しています。

実験研究が進むにつれて，ゴードとサンダーの研究のように，シミュレーションを通じて，人間を対象とした実験の結果をより深く理解しようとする試みは，今後，より盛んになると思われます。このようにシミュレーションと被験者実験を効果的に組み合わせたアプローチに興味を持った読者は，西野・花木（2021）を参照してください。

SUMMARY ●まとめ

□ 1 市場における需要は，市場参加者の個々の需要の総和である。

□ 2 市場における供給は，市場参加者の個々の供給の総和である。

□ 3 市場均衡価格は，市場における需要量と供給量が一致する価格で，その際の取引量を均衡取引量と呼ぶ。

□ 4 市場取引の結果，買い手が受け取る利得の総和を消費者余剰，売り手が受け取る利得の総和を生産者余剰，消費者余剰と生産者余剰の和を総余剰と呼び，市場取引から生み出された社会的価値の総和を表す。

① 次の表 4.2 の市場参加者の情報を用いて，需要関数，供給関数の図を描き，市場均衡価格，均衡取引量，市場均衡のもとでの消費者余剰，生産者余剰，総余剰を計算してください。

② 表 4.2 で表されている市場は，以下の数式で近似することができます。

需要関数：$Q_D(p) = 41 - p$　　供給関数：$Q_S(p) = p$　for $0 \le p \le 40$

表 4.2　市場参加者の情報

買い手				売り手			
商品評価額	人数	商品評価額	人数	生産コスト	人数	生産コスト	人数
1	1	21	1	1	1	21	1
2	1	22	1	2	1	22	1
3	1	23	1	3	1	23	1
4	1	24	1	4	1	24	1
5	1	25	1	5	1	25	1
6	1	26	1	6	1	26	1
7	1	27	1	7	1	27	1
8	1	28	1	8	1	28	1
9	1	29	1	9	1	29	1
10	1	30	1	10	1	30	1
11	1	31	1	11	1	31	1
12	1	32	1	12	1	32	1
13	1	33	1	13	1	33	1
14	1	34	1	14	1	34	1
15	1	35	1	15	1	35	1
16	1	36	1	16	1	36	1
17	1	37	1	17	1	37	1
18	1	38	1	18	1	38	1
19	1	39	1	19	1	39	1
20	1	40	1	20	1	40	1

①で作成した図に，上記の関数を追加して確認してください。また，この近似された関数に基づいて，市場均衡価格，均衡取引量，消費者余剰，生産者余剰，総余剰を計算してみましょう。

③ （プログラミング練習問題）　前章までに作成した [chusen] に，抽選に当たった場合の [Atari.html] と抽選に外れた場合の [Hazure.html] を自由にレイアウトして作ってみましょう。html での背景色や文字の色の変更の仕方も調べて変更してみましょう。

④ （プログラミング練習問題）　市場実験プログラムを確認し，画面のリロードをせずにどうやって値を変更表示させているか確認してみましょう。

第 **5** 章

市場の失敗と政府の役割

外 部 性

イントロダクション

前章では，市場実験を行い，理論予測通りに価格が収束することを実験によっても確認しました。しかし，世の中にはたくさんの市場があります。本章では，まず，商品の生産が公害を発生させるような市場を考えます。そのような市場で何が問題となるかを考え，次に，公害から発生する問題点を解決するための政策の効果を考えていきましょう。

1 市場に任せればうまくいく？

実験で考える：公害のある市場取引実験

この実験では，第4章で行ったダブル・オークション実験を行います。取引方法等は，第4章で説明したものと同じですので，そちらを参照してください。

第 4 章の実験とは異なるのは，取引される商品は市場で 1 個取引されるごとに，実験ポイントに換算して 20 ポイントの社会的な損害（公害）を引き起こすとします。本章の実験は，バーグストロームとミラーの教科書（Bergstrom and Miller, 1999）の第 6 章を参考にしています。

《公害とは？》　公害とは，企業などの活動によって広範囲に起こる大気汚染・水質汚濁や騒音等により，健康被害などが引き起こされることを指します。この実験において，社会的な損害は，実験に参加しているすべての人で等しく負担しなければなりません。実験参加者が N 人，1 回で取引された商品の数が Q 個だとすると，各参加者が負担する社会的損害額は $20 \times Q$ 個 $\div N$ 人ポイントです。

《買い手》　買い手は商品を 1 つ，売り手から買いたいと考えています。商品を買うことで，買い手は自らの（商品）評価額から価格を差し引いたポイントを利得として得ることができ，そこから公害の額を負担します。取引を行わなかった（商品を購入しなかった）場合，買い手が取得できるポイントは 0 ですが公害の額は等しく負担するので，その負担分が引かれます。

$$
買い手の利得 = \begin{cases} （商品）評価額 - 価格 \\ \quad - 社会的損害の負担額 \quad 取引を行った場合 \\ \\ 0 - 社会的損害の負担額 \quad 取引を行わなかった場合 \end{cases}
$$

《売り手》　売り手は商品を 1 つ持っていて，これを売りたいと考えています。商品を売ることで，売り手は販売価格から評価額（仕入値・生産コスト）を差し引いたポイントを利得として得ることができ，そこから公害の額を負担します。取引を行わなかった（商品を売らなかった）場合，売り手が取得できるポイントは 0 ですが公害の額は等しく負担するので，その負担分が引かれます。

$$売り手の利得 = \begin{cases} 価格 - 評価額（仕入値・生産コスト） \\ \quad - 社会的損害の負担額 \quad 取引を行った場合 \\ \\ 0 - 社会的損害の負担額 \quad 取引を行わなかった場合 \end{cases}$$

思考実験5.1

　さて，みなさんはこのように公害が発生するような市場では，第4章と比べて，どのように結果が変わると思いますか？　理論上の均衡価格や均衡取引量は達成されると思いますか？　取引から発生する社会的な損害が，消費者余剰，生産者余剰，そして総余剰へどのような影響を与えるでしょうか？　自分の考えをまとめてみてください。

理論で考える：外部性と市場の失敗

《外部性》　　この実験は，公害という負の外部性があるような状況での市場取引を考察しています。**外部性**とは，市場取引に伴って発生するその副次的な効果が，「市場を経由せずに」取引当事者あるいはそれ以外の第三者に及ぶことをいいます。この副次的な効果が，空気や川が汚染される公害のように当事者や第三者の利得に負の影響を与える場合を**負の外部性**，誰かの清掃活動によって他の人もきれいな道や川の恩恵を受けるような場合を**正の外部性**といいます。

《市場の失敗》　　「市場を経由せずに」がどういうことかを考えてみましょう。公害を例にすると，その影響を受ける住民は，彼らの負担に対して何らかの対価を受け取っているわけではありません。この実験においても，公害の影響は，取引をしたかどうかに関係なく，全員に等しく，かつ，その負の影響に対して対価を受け取ることなく負担されるということを「市場を経由せずに」と表現しています。

　この実験では，商品の取引（生産）の結果発生する20ポイントの社会的費用が取引に伴う負の外部性に相当します。より正確には，実験に参加している人数がNの場合，20ポイントのうち，$20/N$ポイントを取引した買い手と売り手の2人がそれぞれ個人的に負担することになるので，$20 - 2 \times (20/N) = 20 \times$

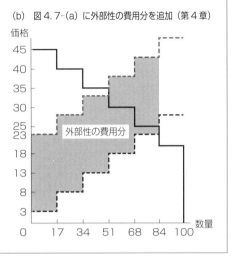

CHART | 図 5.1 （再掲）第 4 章と同じ実験設定：表 4.1 と外部性の費用

(a) 表 4.1：実験設定（第 4 章）

買い手		売り手	
商品評価額	人数	生産コスト	人数
45	17	3	17
40	17	8	17
35	17	13	17
30	17	18	17
25	16	23	16
20	16	28	16

(b) 図 4.7-(a) に外部性の費用分を追加（第 4 章）

（1−2/N）ポイントが第三者に及ぼす負の外部性の大きさです。

　実験の設定は第 4 章と同じで，負の外部性である公害は「市場を経由しない」ので，理論均衡の予測は変わりません（市場均衡価格は 24，均衡取引量は 84）。外部性による費用分は，均衡取引量 84 分の取引があったとすると，1680（＝84×20）となります。前章で公害がなかったときの総余剰は 1868 でしたので，そこからこの外部性の費用分を引くと 188 が総余剰として残ります。図 5.1 で確認してみましょう。

　つまり，たとえば，評価額 25 の買い手と生産コスト 23 の売り手の取引の結果，取引当事者が受け取る利得の合計 2 に対して，公害の費用として 20 が発生するので，社会的には 18 の損失が発生します。このような場合には，彼らの取引をやめてもらう方が社会全体としては望ましいことがわかります。したがって，外部性がある場合に，社会的に最適な取引量は，図 5.1 が示すように 51 になります。負の外部性が存在する場合は，自由な市場取引を通じて（負の外部性の社会的費用も考慮に入れた）総余剰を最大にするような結果は達成できません。このような状態を**市場の失敗**と呼びます。

　なぜ，負の外部性がある場合に，市場は失敗するのでしょうか？　これは，個々の売り手や買い手が取引を行うかどうかを決定する際に，自らの取引の結

果発生する 20 ポイントの社会的費用を考慮しないからです。なぜ考慮しないかというと，それはこの費用は，自分で全部負担するものではなく，社会全体で負担するためです。

　第 4 章で考察したような外部性のない市場取引では，売り手の私的な生産コストが，その商品を供給する社会的なコストと一致していました。同様に，買い手の私的な商品の評価額が，その商品を消費することの社会的な便益と一致していました。よって，個々の売り手と買い手が自分の生産コストや評価額のみに基づいて行動を決めることは，それぞれの行動の社会的な費用や便益を考慮して行動するのと同じことだったのです。

　しかし，生産し販売する際に公害が発生している今回の実験では，売り手は，私的な生産コストは考慮しますが，付随して発生する 20 ポイントの社会的費用は自分がすべて負担するわけではないので考慮していません。つまり，供給側は，社会全体から見た商品の費用よりも安い費用に基づいて供給するかどうかの意思決定をしているため，社会的に見ると供給が過剰になってしまうのです。

▎ 実験結果を確かめる ▎

　実験結果を図 5.2 にまとめています。第 4 章の公害のない自由な取引が行われる通常の市場実験と比較してみると，取引価格は大きくは変わらないことがわかります。しかし，取引後に 1 人当たりの負担額 20 が引かれるため，1 人当たりの利得はとても低くなっています。公害があるために参加者全員が等しくその額を負担しなければなりません。よって，1 回目の余剰は本来であれば 1454 ありますが，そこから取引量 72 に公害の費用分 20 を掛けた 1440 を引いた 14 が，公害の費用分の差し引き後の参加者全体の利得として考えられます。同様に 2 回目の余剰は，1320（＝66×20）を差し引いた 82 となります。取引を行っているのに結果としてマイナスの利得を得ている参加者がいることからわかるように，公害がある場合の市場均衡のもとでは，取引量を減らした方が，参加者全体の利得（より一般的に社会的厚生と呼ぶこともあります）は増加します。

▎ 意思決定理由：外部性のある市場実験

• 公害のことを考えて，売買の際に利益が出るように価格を調整した。

（a）　図 4.5 公害のない市場：観察された取引価格の時系列（再掲）

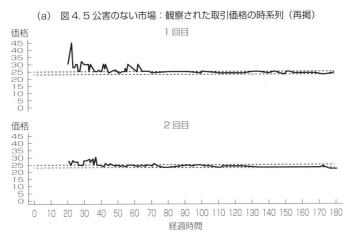

（b）　公害のある市場：観察された取引価格の時系列

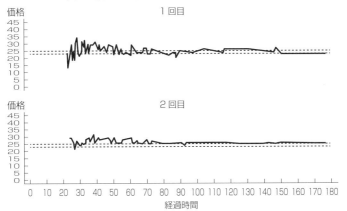

（c）　取引量と価格

	公害のない市場		公害のある市場	
	1 回目	2 回目	1 回目	2 回目
平均利得：売り手	8.38	7.41	8.56	7.62
平均利得：買い手	5	6.37	5.98	6.4
取引数（取引した人数）	69（138）	64（128）	72（144）	66（132）
総余剰	1338	1378	1454	1402
1 人当たりの負担額			7.2	6.6
差し引き後：平均利得：売り手			1.56	0.62
差し引き後：平均利得：買い手			−1.02	−0.6
差し引き後：総余剰			14	82

- あまり何も考えられなかった。
- 取引しなかった。
- 公害はなるべくないほうが良いが、やはり自分に利益が欲しいので公害がない場合と立ち回りは同じだった。
- みんなが取引を行っていたら取引を行い、取引が行われないようであれば自分もそれに従おうと考えた。

では、市場の失敗を回避するための政府の役割を考えてみましょう。

 # 政府の役割

▌実験で考える：ピグー税が導入された市場 ▌

この実験では、再度、前節で行った負の外部性が存在する市場でのダブル・オークション実験を行います。ただし、前節で行った実験とは異なり、今回は、取引が成立した場合には、政府が売り手から20ポイントの税金を自動的に徴収する状況を考えましょう。

さらに、今回の実験では、政府は商品を売却した売り手から徴収した税金を用いて、商品の取引の結果発生する損害に対する補償をすべての参加者に対して行うとします。また、これらの政策を実施するにあたっての事務的な費用は発生せず、徴収した税金はすべて補償に充てることができるとします。各参加者は、取引を行ったかどうかにかかわらず、平等に政府から補償を受け取ることができます。この条件のもとでは、実験参加者が N 人、1回のラウンドで取引された商品の数が Q 個だとすると、政府には合計 $20Q$ ポイントの税収があり、これがすべて各参加者に平等に分けられるので、各参加者に支払われる損害補償額は $20Q/N$ ポイントとなります。

以上からわかるように、この実験では、各参加者が負担する社会的損害額と政府から支払われる損害補償額が同額となります。よって、商品の取引から発生する社会的損害の負担額と政府の補償額を含めた買い手の利得は

$$\text{買い手の利得} = \begin{cases} \text{商品評価額} - \text{購入価格} & \text{取引を行った場合} \\ 0 & \text{取引を行わなかった場合} \end{cases}$$

一方で，売り手は，取引を行った場合は 20 ポイントの税金を負担するので，

$$\text{売り手の利得} = \begin{cases} \text{売却価格} - \text{生産コスト} - 20 & \text{取引を行った場合} \\ 0 & \text{取引を行わなかった場合} \end{cases}$$

となります。

思考実験 5.2

さて，みなさんはこの実験の設定のもとでは，これまでの市場実験と比べて，どのように結果が変わると思いますか？ 取引税の導入が均衡価格，均衡取引量，そして，消費者余剰，生産者余剰，総余剰へどのような影響を与えるでしょうか？ 自分の考えを簡単にまとめてみてください。

▎ 理論で考える：ピグー税のある市場 ▎

実験 5.1 における負の外部性による市場の失敗の原因が，商品の供給にあたっての私的な費用と社会的な費用が乖離していることにあるのであれば，その解決のためには，それらを一致させればよいということになります。ただ，これは，個々の市場参加者が自主的に一致させることができるものではありません。そもそも，それができていれば市場の失敗は最初から起こらないからです。このような場合には，警察権力等を用いて，市場参加者にある一定の行動を強いることのできる政府の介入が必要となります。実験 5.2 では，政府は，税金を用いて，私的な費用と社会的な費用を一致させようとしているのです（このように外部性の問題を課税を通じて解決する方法は，それを提案したアーサー・ピグーにちなんでピグー税と呼ばれます）。

実験 5.2 では，売り手が商品を売る際には，その行為が発生させる社会的費用と同じ 20 ポイントの税金を必ず政府に支払わなければならないので，表 5.1 にあるように売り手は生産コストと税金の両方を考慮して商品を売るかどうかを決めます。これは，図 5.3 にあるように供給関数を税金の分だけ上にシフトさせることとなります。このとき，売り手が直面する私的な費用である

表5.1 実験5.2の設定

買い手		売り手	
商品評価額	人数	生産コスト＋税	人数
45	17	3＋20	17
40	17	8＋20	17
35	17	13＋20	17
30	17	18＋20	17
25	16	23＋20	16
20	16	28＋20	16

図5.3 （実験2の）税金がある場合の市場均衡

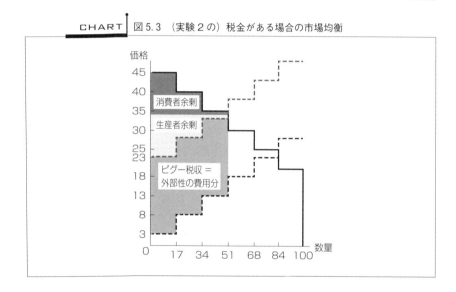

仕入値＋20 ポイントの税金が，社会的な費用である仕入値＋20 ポイントの社会的費用と一致していることに注意してください。つまり，税金という手段を通じて，売り手が十分に考慮していなかった負の外部性を考慮させた結果，市場の失敗の原因であった社会的な費用と私的な費用の乖離がなくなり，供給量が社会的に見て適切な水準まで抑えられるのです。

　その結果，市場均衡価格は33 から35 の間となり，均衡取引量は51 個となります（図5.3）。市場均衡価格を34 と考えましょう。この均衡での消費者余剰は306（＝(45－34)×17＋(40－34)×17＋(35－34)×17），税金を支払う前の生産者余剰は1326（＝(34－3)×17＋(34－8)×17＋(34－13)×17）ですが，そのうち

	公害のない市場		公害のある市場		売り手に税が かかる市場	
	1 回目	2 回目	1 回目	2 回目	1 回目	2 回目
平均利得：売り手	8.38	7.41	8.56	7.62	8.95	8.23
平均利得：買い手	5	6.37	5.98	6.4	3.8	3.62
取引数（取引した人数）	69 (138)	64 (128)	72 (144)	66 (132)	55 (110)	45 (90)
総余剰	1338	1378	1454	1402	1275	1185
1 人当たりの負担額			7.2	6.6		
差し引き後：平均利得：売り手			1.56	0.62	−2.05	−0.77
差し引き後：平均利得：買い手			−1.02	−0.6	3.8	3.62
差し引き後：総余剰			14	82	175	285

1020 は税金として支払われ，取引から発生した社会費用である 1020（＝51 個×20）の補償に用いられます。よって，取引から発生する社会的費用も考慮した総余剰は，306＋(1326−1020)＋(1020−1020)＝306＋306＝612 となります。

　この値（612）は，**実験 5.1** の公害がある市場の市場均衡のもとでの総余剰の値（188〔＝1868（前章の市場での総余剰）−1680（＝20×84（公害の費用分））〕）よりも大きくなっています。これは，売り手が税金という形で，取引から発生する負の外部性を内部化した結果，市場取引を通じて社会的に最適な取引量が達成されたからです。図 5.3 は，税金を導入した結果，税金がないときには社会的にはマイナスとなるような取引を行っていた評価額が 25 や 30 の買い手と生産コストが 23 や 18 の売り手の間の取引がなくなること示しています。

実験結果を確かめる

　表 5.2 に，売り手に税のかかる市場実験の結果を追記しました。公害のない市場，公害のある市場と比べて，取引数が減っていることが見てとれます。そして，取引を行うと売り手に税がかかるので高い価格で取引がされていることが図 5.4 の（c）からわかります。表 5.2 から公害のある市場よりも差し引き後の総余剰は高くなっていることがわかり，税金を導入することで負の外部性による市場の失敗の問題の解決につながっていることが観察されます。

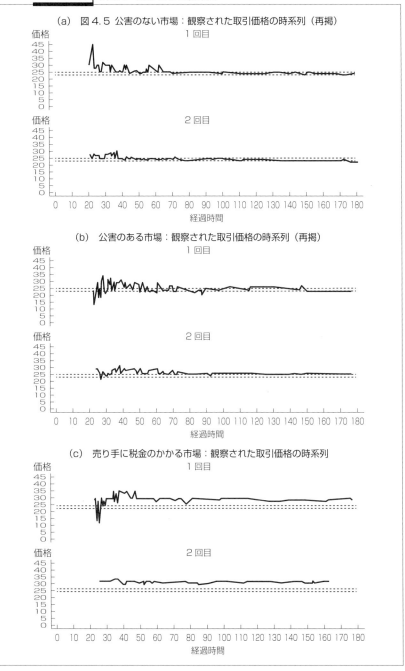

(a)　図 4.5 公害のない市場：観察された取引価格の時系列（再掲）

1 回目

2 回目

(b)　公害のある市場：観察された取引価格の時系列（再掲）

1 回目

2 回目

(c)　売り手に税金のかかる市場：観察された取引価格の時系列

1 回目

2 回目

- 税金がかかったとしても利益が出るギリギリの価格に設定した。
- 自分が得ができるように価格を上げた。
- 売り手であったので，取引を行わなかった。理由は，生産コスト＋税金 20pts が予想していた均衡価格を大幅に上回っていたため。

　みなさんは，税金を導入しなくても，過剰に供給されることが問題なのであれば，政府の持つ権限を用いて，商品の供給量自体を制限して，社会にとって望ましい水準にしてしまえばよいのではないか，と考えられたかもしれません。供給量を制限するために，政府が販売許可証を発行して，それを持っている売り手しか商品の生産・販売をできなくするという政策も考えられます。

　ただし，このように許可証を発行して販売量を制限する場合には，どの売り手に販売を許可するのかということが問題になります。許可証を希望する売り手の中からくじ引きで選ぶことも可能でしょう。または，許可証を競売にかけて，高い値段をつけた売り手を選ぶこともできるでしょう。くじ引きで選んだ場合は，ピグー税を導入したときのように，生産コストの低い売り手が生産と販売を行うとは限りませんが，競売の場合は，許可証を持つことでより高い利得を得ることができる売り手（つまり生産コストの低い売り手）がより高い値段を払って許可証を落札しようとする結果，それらの企業が生産と販売を行うことになるでしょう。また，許可証の販売から得た収入を用いて，損害の補償を行うこともできるでしょう。

SUMMARY ●まとめ

- ☐ 1 市場取引に伴って発生する副次的な効果が，「市場を経由せずに」取引当事者あるいはそれ以外の第三者に及ぶことを外部性と呼ぶ。
- ☐ 2 副次的な効果が，影響を受ける人々にとって望ましい場合を正の外部性，逆に望ましくない場合を負の外部性と呼ぶ。
- ☐ 3 外部性が存在すると，自由な市場取引では副次的な影響まで考慮した総余剰を最大にできず，市場の失敗が起こる。
- ☐ 4 市場が失敗する場合，政府が税金や補助金等を用いて介入することで，社会

的により望ましい状態を実現することができる。

EXERCISE ● 練習問題

1　第 4 章の章末の練習問題 1 （表 4.2）で考えられた市場を考えてください（または，第 4 章の練習問題 2 で考えたその線形近似でもかまいません）。ただし，ここで取引される商品は，1 個生産され取引されるごとに，環境を汚染することを通じて，10 の社会的費用を発生させるとします。この社会的費用は，取引したしなかったにかかわらず，市場に参加している全員が平等に負担しなければならないとします。

(1)　この市場で自由な取引が可能だった場合の市場均衡価格，均衡取引量，消費者余剰，生産者余剰，環境汚染の社会的費用，それを考慮した総余剰を求めてください。

(2)　環境汚染の社会的費用を賄うために，政府が，この商品 1 個の販売に対して，10 の環境税を売り手に課すことにしました。このように集めた税収は，生産に伴う環境汚染の被害に対する補償として，市場参加者に平等に配分されます。このときの，市場均衡価格，均衡取引量，消費者余剰，生産者余剰，税収，環境汚染の社会的費用，それらを考慮した総余剰を求めてください。

2　再び，第 4 章の章末の練習問題 1 （表 4.2）で考えられた市場を考えてください（または，第 4 章の練習問題 2 で考えたその線形近似でもかまいません）。ただし，今回取引される商品は，1 個取引され消費されるごとに，環境を美化することを通じて，10 の社会的便益を発生させるとします。この社会的便益は，取引したかしなかったかにかかわらず，市場に参加している全員が平等に享受できるとします。

(1)　この市場で自由な取引が可能だった場合の市場均衡価格，均衡取引量，消費者余剰，生産者余剰，環境美化の社会的便益，それを考慮した総余剰を求めてください。

(2)　政府が，この商品の消費を促すために，この商品 1 個の消費に対して，10 の補助金を買い手に提供することにしました。この補助金は，消費に伴う環境美化を促進する政策推進のために，市場参加者から，取引したかしなかったかにかかわらず平等に集めた税金を財源として支給するとします。この政策のもとでの，市場均衡価格，均衡取引量，消費者余剰，生産者余剰，補助金支払いの総額，環境美化の社会的便益，それらを考慮した総余剰を求めてください。

3　（プログラミング練習問題）　前章で [chusen] に追加した [Atari.html] と

[Hazure.html] を分岐させます。参加者を 1 人から 2 人へ拡張し，if 文でプレイヤー 1 は [Atari.html]，プレイヤー 2 は [Hazure.html] に遷移するように分岐させてみましょう。

4　（プログラミング練習問題）　正の外部性の市場を考え，その設定で外部性のプログラムを変更してみましょう。

CHAPTER

第 **6** 章

不完全競争

イントロダクション

　第4章と第5章では，多くの売り手と買い手が参加する市場を考えました。本章では，多くの買い手が存在する一方，売り手は1人だけ，または，2人だけという市場を考えます。そのような参加者数に差がある市場での売り手の行動が市場均衡価格や取引量，そして総余剰で表される市場の効率性へどのような影響を与えるのかに焦点を当てます。

1 実験で考える：買い手の行動

　これから参加していただく実験では，みなさんには売り手の役割を担っていただき，買い手の役割はすべて，あらかじめ決められた以下のルールに従って行動するコンピュータープログラムが担うことにします。

　それぞれの買い手は，一度につき，商品を最大で1個購入します。買い手は，

商品を購入することで，

$$（商品）評価額 － 価格$$

の利得を得ます。買い手役のコンピュータープログラムは，売り手が1人しか
いない場合は，買い手にとっての利得が少なくとも1以上になるような場合に
商品を購入します。売り手が2人以上いる場合は，買い手にとっての利得が少
なくとも1以上になるような価格の中で，最も安い価格で販売している売り手
から商品を購入します。また，そのような最安値で販売している売り手が複数
いる場合は，その価格で購入を希望する買い手が全員，ランダムに選ばれたど
ちらか1人から購入します。

　すでに述べましたが，今回の実験では，みなさんは，商品の売り手となりま
す。前述の買い手の行動ルールを考慮して，なるべく多くの利得が獲得できる
ように販売価格を決めてください。毎回の実験で，売れるかぎり何個でも商品
を販売することができます。販売する際には，仕入値がかかるため，みなさん
が商品の販売から得ることができる利得は

$$価格 \times 販売個数$$
$$－販売個数だけの商品を販売するためにかかった費用$$

となります。この実験では，単純化のために，商品を販売するためにかかる費
用は，商品1個当たりの仕入値×販売個数とします。よって，売り手の利得は，

$$（売却価格 － 商品1個当たりの仕入値）\times 販売個数$$

となります。では，次のクイズに回答して，実験設定を正しく理解できている
か確認してみましょう。

実験設定の確認クイズ

1. あなたはどちらの役割になりますか？
   (a) 売り手　(b) 買い手
2. あなたは，1回当たり何個の商品を販売することができますか？
   (a) 1個　(b) 何個でも売れるだけ
3. 買い手が1人いて，彼にとっての商品の価値が10だったとします。売り手があ

なたしかおらず，販売価格を 10 と設定した場合，買い手は購入しますか？
　(a) 購入する　(b) 購入しない

4. 商品の価値が 20 の買い手は，次のどの場合で，商品を購入しますか？ 売り手は
　1 人しかいないとします。
　(a) 販売価格が 20　(b) 販売価格が 21　(c) 販売価格が 19

5. あなたの商品の 1 個当たりの費用が 10 だとします。販売価格 15 で，10 個の商
　品を売却した場合の利得はいくらですか？

6. あなたの商品の 1 個当たりの費用が 10 だとします。販売価格 9 で，10 個の商
　品を売却した場合の利得はいくらですか？

7. 売り手が 2 人いる場合を考えます。買い手が 5 人いるとします。あなたも相手
　も同じ販売価格としたときに，買い手は何人あなたから購入する可能性がありま
　すか？ 当てはまるものをすべて選んでください。
　(a) 0 人　(b) 1 人　(c) 2 人　(d) 3 人　(e) 4 人　(f) 5 人

確認クイズの答えを確認しましょう。

1. あなたは (a) 売り手になります。買い手はコンピューターです。

2. あなたは，1 回当たり (b) 何個でも売れるだけの商品を販売できます。

3. 買い手は利得（＝商品評価額−販売価格）が 1 以上となる場合しか購入し
　ないので，10 の商品の価値を持っていて販売価格が 10 であれば利得が 0
　となり (b) 購入しません。

4. 買い手は利得（＝商品評価額−販売価格）が 1 以上となる場合しか購入し
　ません。商品の価値が 20 の買い手は (c) 販売価格が 19 であれば 1 の利
　得を得ることができるので購入します。

5. あなた（売り手）の利得は，（販売価格−費用）×販売個数なので，(15−10)
　×10＝50 となります。

6. あなた（売り手）の利得は，（販売価格−費用）×販売個数なので，(9−10)
　×10＝−10 となります。

7. 最安値で販売している売り手が複数いる場合は，ランダムにそのうちの
　どちらか 1 人から全員が購入するので (a) 0 人または (f) 5 人です。

　以下では，まずは，売り手が 1 人だけの場合を考察し，その後売り手が 2 人
の場合を考察していきましょう。

独　占

▌実験で考える：売り手が 1 人の場合 ▌

それでは，実験を始めましょう。

実験 6.1

　あなた 1 人しか売り手がいない市場を考えましょう。売っている商品 1 個当たりの仕入値は 4 です。市場に参加している買い手は全部で 12 人います。それぞれの商品の価値（評価額）は，次の表で示されています。

商品の価値	その価値を持っている買い手の人数
21	3
16	6
11	3

あなたはいくらで商品を売りますか？　販売価格を決めてください。

では，次に買い手の商品の価値が異なる市場を考えてみましょう。

実験 6.2

　再度，あなた 1 人しか売り手がいない市場を考えましょう。売っている商品 1 個当たりの仕入値は 4 です。市場に参加している買い手は全部で 12 人います。それぞれの商品の価値（評価額）は，次の表で示されています。

商品の価値	その価値を持っている買い手の人数
21	2
18	2
15	4
12	2
9	2

あなたはいくらで商品を売りますか？　販売価格を決めてください。

実験 6.3

　再度，あなた 1 人しか売り手がいない市場を考えましょう。売っている商品 1 個

当たりの仕入値は 4 です。市場に参加している買い手は全部で 12 人います。それぞれの商品の価値（評価額）は，次の表で示されています。

商品の価値	その価値を持っている買い手の人数
21	2
18	2
15	2
12	3
9	2
6	1

あなたはいくらで商品を売りますか？ 販売価格を決めてください。

理論で考える

　買い手は多数いる一方で，売り手が 1 人しかいないような市場を**独占市場**と呼びます。売り手同士の競争がないので，独占市場における売り手は，自由に価格をつけることができます。とはいえ，買い手が誰一人として購入しないような高価格をつけると，利得は 0 になってしまうので，気をつけなければいけません。それでは，どのような価格をつけると，利得が最大になるのかを見ていきましょう。

　今回の実験では，買い手は利得（＝商品評価額－販売価格）が 1 以上となる場合しか購入しないので，**実験 6.1** で想定した市場では，商品の価値が 21 の買い手 3 人は販売価格 20 以下であれば購入します。同様に，商品の価値が 16 の買い手 6 人は販売価格 15 以下であれば購入，商品の価値が 11 の買い手 3 人は販売価格 10 以下であれば購入します。

　つまり，販売価格が 21 以上では誰も購入しないため，販売個数は 0，価格が 20 から 16 であれば商品の価値が 21 の買い手 3 人が購入，15 から 11 であれば商品の価値が 21 の買い手 3 人に加えて，商品の価値が 16 の買い手 6 人の計 9 人が購入します。そして，販売価格が 10 以下であれば，商品の価値が 11 の買い手 3 人も購入するようになるので計 12 人が購入します。

　この場合，売り手はどの販売価格だと一番利得を得ることができるでしょうか？ **表 6.1** は，0 から 21 までの販売価格に対して，購入人数と利得を中略でまとめています。利得が一番大きくなっている販売価格は 15 で，購入人数は

販売価格	購入人数	利得
21	0	0
20	3	48
19	3	45
⋮	⋮	⋮
16	3	36
15	9	99
14	9	90
⋮	⋮	⋮
11	9	63
10	12	72
9	12	60
⋮	⋮	⋮
0	12	−48

9 名（＝商品の価値が 21 の買い手 3 人＋16 の買い手 6 人），そして，そのときの利得は 99 です。**表 6.1** では，9 つの販売価格を示していますが，**実験 6.1** で利得を最大化するための候補となる価格は 20，15，10 の 3 つになるだろうことは想像できたかと思います。というのも，購入者の数が増えないのであれば，販売価格を下げても利得は増えないので，利得を最大にするためには，購入人数が 0 から 3 へと変化する価格である 20，3 から 9 へと変化する価格である 15，そして，9 から 12 へと変化する価格である 10 での利得を比較し，その中でも最も利得が高いものを選べばよいだろうと考えられるからです。

　実験 6.1 では，独占市場での売り手が，販売価格を 15 にすることで利得を最大化することを確認しました。このときの消費者余剰を求めてみましょう。購入人数は 9 人（＝商品の価値が 21 の買い手 3 人＋16 の買い手 6 人）で，買い手の利得は，商品評価額−販売価格となることから

- 21−15 の利得を得る買い手 3 人の合計の利得＝18
- 16−15 の利得を得る買い手 6 人の合計の利得＝6

となり，これらの合計が消費者余剰になるので，合計 24 です。**図 6.1** に，消費者余剰と生産者余剰を示しています。独占の場合は売り手が 1 人しかいないため，生産者余剰は，独占者の利得と等しくなります。総余剰は 99＋24 で

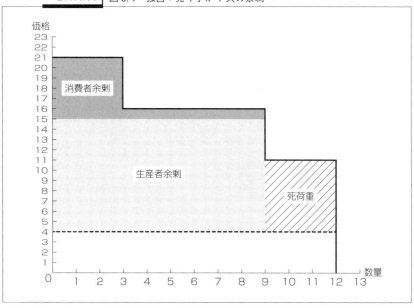

123になります。

　もし，**実験6.1**で，多数の売り手が存在し，すべての売り手にとって，商品1個の仕入値が4であったとすると，売り手同士の競争の結果，価格は4まで下がることが予想されます。この場合は，生産者余剰が0となる代わりに，消費者余剰が $(21-4) \times 3 + (16-4) \times 6 + (11-4) \times 3 = 144$ となります。競争市場と比較して，独占市場では，消費者余剰が，144から24に減少し，生産者余剰が0から99に増えたのですが，結果として，総余剰も144から123へ減少していることがわかります。これは，独占市場で売り手によって価格が高く設定された結果，競争市場と比較して取引量が減少したためです。この総余剰の減少は，**死荷重**と呼ばれ，図6.1では，商品の価値が11の3人の買い手の需要と商品の仕入値4で囲まれた斜線の部分が対応します。独占の結果，市場の失敗が発生しているのです。

　実験6.2と**実験6.3**では，それぞれ合計12人の買い手がいますが，商品の価値が15の買い手が**実験6.2**では4人いる一方，**実験6.3**では2人しかいません。その代わり，**実験6.3**では，商品の価値が12の買い手が3人いる一方

で，実験 6.2 では 2 人です。実験 6.3 では，実験 6.2 では存在しない商品の価値が 6 の買い手が 1 人います。この違いが，売り手の利得を最大にする価格にどのような影響を与えるかを考えてみましょう。

これらの実験でも，利得を最大にする価格を考える際には，購入人数が変化する価格を中心に考えていけばよいことになります。また，ここでは，価格を変化させることで生じる**追加的な収入**（限界収入とも呼ばれます）と**追加的な費用**（**限界費用**とも呼ばれます）の比較を通じて考えてみましょう。

最初に販売価格を 21 以上から 20 まで下げることで，販売個数が 0 から 2 に増えます。このときの追加的な収入は，$20 \times 2 = 40$ で，追加的な費用は $4 \times 2 = 8$ です。価格を下げることで得られる追加的な収入が，そのために生じる追加的な費用を上回っているので，価格を下げて販売量を増やすことで利得が増えます。

次に，販売価格を，20 から 17 まで下げると販売個数が 2 から 4 に増えます。この際の追加的な収入は，価格 17 のときの購入人数が 4 名なので，それから得られる収入 $17 \times 4 = 68$ と，価格 20 のときに得られていた収入である $20 \times 2 = 40$ の差である 28 です。

一方で，販売量が 2 から 4 に増えることに伴う追加的な費用は，$4 \times (4-2) = 8$ です。追加的な収入が，追加的な費用を上回っているので，価格を下げて販売量を増やすことで利得が増えます。ここまでは，**実験 6.2** も**実験 6.3** も同じです。

では，さらに，販売価格を，17 から 14 まで下げることを考えましょう。この際に，**実験 6.2** では，販売個数が 4 から 8 に増えます。この際の追加的な収入は，$14 \times 8 - 17 \times 4 = 44$ です。一方で，追加的な費用は，$4 \times (8-4) = 16$ です。ここでも追加的な収入が，追加的な費用を上回っているので，価格を下げて販売量を増やすことで利得が増えます。**実験 6.3** では，販売個数が 4 から 6 に増えるので，これに伴う追加的な収入は，$14 \times 6 - 17 \times 4 = 16$ です。一方で，追加的な費用は，$4 \times (6-4) = 8$ です。よって，**実験 6.2** と同様，追加的な収入が，追加的な費用を上回っているので，価格を下げて販売量を増やすことで利得が増えます。

次に，販売価格をさらに下げて，14 から 11 まで下げることを考えましょう。

この際に，**実験6.2**では，販売個数が8から10に増えます。この際の追加的な収入は，$11 \times 10 - 14 \times 8 = -2$ です。一方で，追加的な費用は，$4 \times (10-8) = 8$ となり，追加的な費用が，追加的な収入を上回っているので，価格を下げて販売量を増やしても利得は増えません。一方で，**実験6.3**では，販売個数が6から9に増え，追加的な収入（$11 \times 9 - 14 \times 6 = 15$）が，追加的な費用（$4 \times (9-6) = 12$）を上回っているので，価格を下げて販売量を増やすことで利得が増えます。

　販売価格をさらに下げて，11から8まで下げるとどうでしょうか？　**実験6.2**では，販売個数が10から12に増えます。この際の追加的な収入は，$8 \times 12 - 11 \times 10 = -14$，追加的な費用は，$4 \times (12-10) = 8$ ですので，先ほど同様，追加的な費用が，追加的な収入を上回っているので，価格を下げて販売量を増やしても利得は増えません。**実験6.3**では，販売個数が9から11に増えますが，**実験6.2**同様，追加的な収入（$8 \times 11 - 11 \times 9 = -11$）を，追加的な費用（$4 \times (11-9) = 8$）が上回っているので，価格を下げて販売量を増やしても利得が増えません。

　以上の分析から，利得を最大にする価格は，**実験6.2**では14であり，**実験6.3**では11であることがわかります。

　価格を14から11に下げた場合，**実験6.2**では，追加的な収入が負，つまり減収でした。同様に，価格を11から8まで下げた場合には，**実験6.2**でも，**実験6.3**でも，追加的な収入が負でした。この点を，独占的な売り手が直面するトレードオフから考えると，より理解が深まります。

　価格を下げることから生じる追加的な収入は，価格を下げることで増加する販売個数による増収と，より高い価格でも販売できた顧客に対する価格減による減収から成り立っています。たとえば，**実験6.2**で，価格を14から11に下げた場合，販売個数が2増えることから $11 \times 2 = 22$ の増収につながる一方，価格14でも販売できた8人の買い手それぞれに対して価格11で販売することから24の減収（$= (11-14) \times 8$）も引き起こします。これらの合計である -2（$= 22-24$）が先ほど導出した追加的な収入と同値であることを確認してください。

それでは，実験結果を確かめましょう。前節で述べたとおり，企業が 1 社しかない独占のケースでの**実験 6.1** の理論値は，売り手が販売価格を 15 にすることで利得を最大化することを確認しました。実験の結果，販売価格の平均値は 14.9 でした。

実験 6.2 の理論値は，売り手が販売価格を 14 にすることで利得を最大化することを確認しました。実験の結果，販売の価格平均値は 14.01 でした。

実験 6.3 の理論値は，売り手が販売価格を 11 にすることで利得を最大化することを確認しました。実験の結果，販売の価格平均値は 13.5 でした。

これらの実験の結果，多くの場合，理論値に近い値になっていることがわかります。すなわち，売り手が自由に自身の利得を最大化するように価格を設定できることがわかります。

３ 複　　占

実験で考える：売り手が 2 人の場合

実験 6.4
　あなたを含めて合計 2 人の売り手がいる市場を考えましょう。あなたにとっての商品 1 個の仕入値は 4 です。他の売り手にとっての商品 1 個の仕入値も 4 です。市場に参加している商品評価額は，次の表のようになっているとします。

商品の価値	その価値を持っている買い手の人数
21	3
16	6
11	3

- 販売価格を決めてください。
- 相手が 15 の販売価格を出してきました。あなたはその結果を見てもう一度販売価格を決定することができるとします。販売価格を決めてください。

理論で考える

　買い手が多くいる一方，売り手が 2 人しかいないような市場を**複占市場**と呼びます。ここで，実験で考えたように買い手の行動を所与とすると，2 人の売り手の間の競争は，第 1 章や第 2 章で考察した 2 人 1 組のゲームと同じような状況だと考えることができます。実験の設定では，売り手が 2 人以上いる場合は，買い手は，彼らにとっての利得が少なくとも 1 以上になるような価格の中で，最も安い価格で販売している売り手から商品を購入すると仮定していました。また，そのような最安値で販売している売り手が複数いる場合は，購入を希望する買い手全員が，ランダムに選ばれたそのうちのどちらか 1 人から購入するという仮定もおいています。

　実験 6.4 の市場の買い手の価値は**実験 6.1** と同様なのですが，この実験では，相手のつける価格によって自分が得ることができる利得が変わります。**表 6.2** に，あなたの販売価格が 0 から 21 であった場合（重要でない販売価格に関しては省略しています）について，対応する購入人数と，相手の価格が 15 のときのあなたの利得と，相手の価格が 10 のときのあなたの利得を示しています。

　表 6.2 に基づいて，相手の販売価格が 15 のときのあなたの利得を考えてみましょう。このとき，あなたが販売価格を 16 以上にするとまったく売れないので利得は 0 になります。あなたが販売価格を相手と同じ 15 にしたときには，9 人の買い手は全員，あなたか相手かのどちらかランダムに選ばれた方から購入します。つまり，この場合の利得は，50%（＝1/2）の確率で $(15-4) \times 9 = 99$，そして残り 50% の確率で 0 となります。第 1 章で学習した期待値を用いると，$(15-4) \times 9 \times 1/2 + 0 \times 1/2 = 49.5$ となります。

　あなたが販売価格を 14 以下にすると買い手は全員あなたから購入するので利得は

$$（販売価格 - 4）\times 購入人数$$

販売価格	購入人数	相手の販売価格が 15のときの（期待）利得	相手の販売価格が 10のときの（期待）利得
21	3	0	0
20	3	0	0
⋮	⋮	⋮	⋮
16	3	0	0
15	9	49.5	0
14	9	90	0
13	9	81	0
⋮	⋮	⋮	⋮
11	9	63	0
10	12	72	36
9	12	60	60
8	12	48	48
⋮	⋮	⋮	⋮

となります。相手の価格が 15 の場合は，あなたは販売価格を 14 にすることで利得が最大化できることがわかります。

《価格競争とナッシュ均衡》　　ただ，お互いに，相手よりも 1 だけ低い価格をつけることで利得が最大にできることを理解しているのであれば，価格競争が起きるでしょう。激しい価格競争の結果，均衡では，売り手 2 人ともの販売価格が商品 1 個当たりの仕入値と同じになる 4，または 5 の同額となることを第 2 章で学んだ最適反応とナッシュ均衡の考え方で確認しましょう。

　あなたも相手も価格を 5 とする場合を考えましょう。このとき，もし 12 人の買い手全員があなたから購入すれば 12（＝(5−4)×12）の利得を得ることができる一方，買い手が相手から購入した場合はあなたの利得は 0 です。これは同じ確率で起こりうるので，期待利得は 6（＝1/2×12）になります。今，販売価格を 6 以上にしても相手の価格である 5 が最安値になるので，買い手は相手から購入することになり，あなたの利得は 0 です。よって，5 より大きい販売価格を設定してもより高い利得を得ることはできません。では，販売価格を 4 に下げるとどうでしょうか？　あなただけが販売価格を 4 にすると，買い手は全員あなたから購入することになります。ただし，1 個当たりの仕入値が 4 な

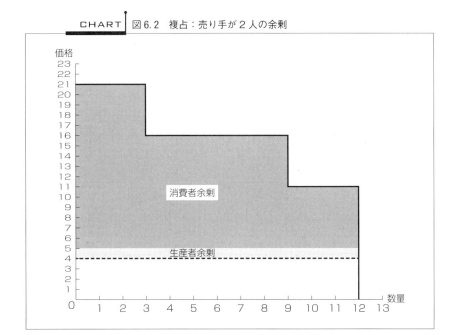

のので，いくつ売れたとしても利得は0（＝(4－4)×12）です。つまり，相手が価格5をつけている場合に，あなたの販売価格を4にしても，販売価格が5だったときよりも利得が下がってしまうので，あなたは販売価格を4にすることもしないでしょう。相手にとっても同様なので，お互いが販売価格を5とすることは，お互いが最適反応をしている状態となりナッシュ均衡となります。

　次に，あなたも相手も販売価格が1個当たりの仕入値と同じになる4とする場合を考えましょう。このときの期待利得は0です。あなたが販売価格を5以上にしても，相手の価格の4が最安値になるので利得は0のままです。よって，あなたは価格を上げることはしないでしょう。逆に，販売価格を3にすると，損失が発生するので，価格を下げることもしません。相手にとっても同様なので，あなたも相手も販売価格を4とすることはナッシュ均衡になります。

　生産者余剰は「それぞれの売り手がその商品やサービスを供給するのに必要な費用とその対価として受け取った価格との差額の総和」ですので，先ほど導出した売り手が2人とも価格4をつける均衡の場合は0，2人とも価格5をつける均衡の場合は12が生産者余剰になります。

では，4または5が均衡であることを確認できたので，販売価格を5として，図6.2から余剰を求めてみましょう。消費者余剰は，

- 21−5の利得を得られる買い手が3人いるので，合計の利得は48
- 16−5の利得を得られる買い手が6人いるので，合計の利得は66
- 11−5の利得を得られる買い手が3人いるので，合計の利得は18

になります。この合計が消費者余剰になるので132になります。総余剰は消費者余剰＋生産者余剰なので販売価格が5の場合は，12＋132で144が総余剰になります。章末の練習問題 2 で，販売価格が4の場合でも総余剰が144になることを確かめてください。

今回実験6.4で考察した複占の場合の総余剰は，価格競争が起きることから買い手も売り手も多数いる競争的な市場の総余剰と変わらないことがわかります。売り手がたった1人の独占市場においては，売り手が高い価格を設定することで市場の失敗が生じていたのに比較して，売り手がもう1人増え，2人の売り手の間に価格競争が発生すると，売り手が多数存在する競争市場と同様の結果となるのです。

ただ，第3章で紹介した繰り返しゲームの分析で見たように，売り手が2人だけで，市場の状況は変わらず，この状態が長期間続くような状況では売り手2人が価格競争を避けて，高い価格をつけ続けるために談合を行う可能性があります。この場合は，独占の場合と同様，競争市場と比べて総余剰が小さくなり，非効率な結果となります。政府の政策として独占を禁止し，なるべく多くの企業間で競争が行われるようにするのは，独占や複占企業の談合による市場の失敗を防ぐためなのです。

┃ 実験結果を確かめる ┃

複占市場（実験6.4）は，独占市場（実験6.1）から売り手を1人増やして2人にした状態で，3回繰り返しました。前項で見たとおり，売り手が2人になると価格競争が発生し，販売価格を下げる状態が続き，寡占市場だと均衡価格は5（または4）まで下がります。各回の平均価格をとった実験結果を図6.3に示しますが，価格は下がっている傾向にあるものの，複占市場で予測される均

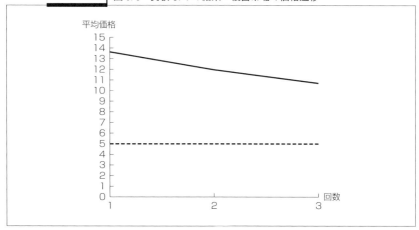

衡値よりは高い水準で推移しました。

　授業では独占のあとに寡占市場の実験を実施しました。第3章の **Column** ❸-**4**（61頁）で述べた実験の順番による影響である順序効果が出ている可能性もあり，この場合は先に実施した独占の実験時の高い価格に引っ張られているのかもしれません。実験の繰り返し回数を4回5回と増やしていくと理論値に収束する可能性があります。第4章での市場のように，参加する売り手の数を増やしても，より価格競争が起きる可能性があり理論値に収束していく可能性もありますが，2人のままだと第3章での繰り返しゲームで見たように，このまま高い利益を享受する可能性もあります。

　以上，本章では不完全競争市場として独占市場と複占市場を考えました。売り手が3人や4人といったように，少数の売り手しかいないような市場を**寡占市場**と呼びます。寡占市場における供給側の行動は，複占市場と同様にゲーム理論の枠組みを用いることで理論的に考察することができます。

　また，本章では，売り手が決めるのは価格で，価格を通じて競争をしている場合を考えましたが，売り手が，市場への供給量を決め，供給量を通じて競争をしているような状況を考えることもできます。価格を通じた競争では，複占市場でも競争市場と同様の結果になることを見ましたが，供給量を通じた競争では，独占市場よりも供給量は増えますが，競争市場の水準にまでは到達しま

せん。興味を持った方は，章末の練習問題 $\boxed{4}$ に挑戦してみてください。

SUMMARY ●まとめ

- □ 1 独占企業は，価格を変化させることで生じる追加的な収入と追加的な費用を比較し，前者が後者を上回るかぎり，同様の価格の変化を続けることで利得を最大にできる。

- □ 2 独占企業が価格を下げることから生じる追加的な収入は，価格を下げることで増加する販売数による増収と，より高い価格でも販売できたはずの顧客に対する価格減による減収から成り立つ。

- □ 3 売り手が 1 人だけの市場（独占市場）では，売り手が多数存在する競争市場よりも価格が高くなり，取引量が減少する結果，総余剰が減少する。

- □ 4 売り手が 2 人の市場（複占市場）では，売り手の価格競争の結果，競争市場に近い水準まで価格が下がり，総余剰も競争市場のものと同じになる。

EXERCISE ● 練習問題

$\boxed{1}$ 実験 6.2, 6.3 の市場に関して，独占的な売り手が利得を最大化するような価格付けをしている場合の消費者余剰，生産者余剰，死荷重をそれぞれグラフに示してみましょう。

$\boxed{2}$ 実験 6.4 で販売価格が 4 の場合の生産者余剰，消費者余剰，総余剰を求めてみましょう。

$\boxed{3}$ 価格 p のときの需要量 $Q_D(p)$ が，需要関数 $Q_D(p)=41-p$ で表すことができる商品を考えましょう。今，売り手が 1 人しかおらず，売り手は商品 1 個当たり仕入値 4 の費用で，いくらでも商品を売ることができるとします。この独占的な売り手の利得を最大にするような価格とそのときの取引量，消費者余剰，生産者余剰，死荷重はそれぞれいくらになりますか？

$\boxed{4}$ 価格 p のときの需要量 $Q_D(p)$ が，需要関数 $Q_D(p)=41-p$ で表すことができる商品を考えましょう。今，売り手が 2 人おり，売り手はそれぞれ商品 1 個当たり仕入値 4 の費用で供給できるとします。今，それぞれの売り手は，相手の供給量を予測しながら，自らの供給量を決定するとします。この複占市場におけるナッシュ均衡での，それぞれの企業の供給量を求めましょう。そして，2 つ

の企業の供給量の合計を，独占企業の供給量と競争市場均衡での供給量と比較してください。ヒント：今，企業（$i=1, 2$）の供給量を q_i としたとき，市場価格 p は $p = 41 - (q_1 + q_2)$ となり，企業 i の利得 π_i は，

$$\pi_i = (41 - (q_i + q_j))q_i - 4q_i$$

と書くことができます。それぞれ企業は，想定される相手企業の供給量 q_j に対して，自らの利得を最大にするような q_i を選ぶことになります。

⑤ （プログラミング練習問題） 前章までに分岐できるようになった［chusen］について，random 関数を使って 2 人のうちどちらか 1 人がランダムに［Atari.html］に遷移するように分岐を変更してみましょう。

⑥ （プログラミング練習問題） 独占市場・複占市場のプログラムで売り手と買い手の人数を変更した設定を考え，プログラム内部で理論値の均衡・余剰を計算できるようにしてみましょう。

第 7 章

情報の非対称性

イントロダクション

　第4章から第6章までの市場取引の分析では，それぞれの買い手は，自分にとっての商品評価額が明確にわかっている状況を考えていました。これは購入する商品の品質に関しての不確実性が存在していないことを暗に仮定していたことを意味します。

　最近では，メルカリをはじめとした中古品市場も増え，本名さえ知らない個人同士がインターネット上で取引することもあります。このような取引では，出品者（その商品を売りに出している売り手）は商品の品質を正しく把握している一方，購入者（その商品を購入したい買い手）が，購入前にその商品の品質を確かめるのは困難です。商品の品質に関しての記載があっても，それが正しいとは限りません。購入者は商品の価値を前もって正確に把握できるとは限りません。購入者にとって，その商品の価値は，その商品の品質に依存するでしょうから，購入前には商品の評価額が確定しないことになります。

　本章では，このように取引されている商品（の品質）に関して持っている知

識や情報が売り手と買い手の間で異なる場合に，どのような問題が生じるのかを考察していきます。

　ここでの情報は，意思決定に影響する情報のみを考えます。たとえば，リンゴを購入するかしないかという意思決定には，価格に加えて，甘さや生産地，品種などの情報が影響を与えると考えられます。一方で，リンゴの購入の際には，今あなたが読んでいるこの本の内容や，1年前に食べた蕎麦のおいしさの情報は影響を与えないでしょう。それぞれの意思決定に影響を与える情報は異なることを意識してみましょう。

1 情報の非対称性とは

　まず，次の質問を考えてみてください。

> **質問1**
> 　あなたのお店で，アルバイトを1人雇用するとします。応募してきたのはAさんとBさんの2人です。どちらか1人を絶対に採用しなければなりません。AさんとBさんに対してわかっていることは次のとおりです。
> 　Aさん：業務経験アリ
> 　Bさん：資格取得済み
> さて，あなたはどちらを雇いますか？

　もちろん，この質問に正解はなく，どちらを雇用してもよいのですが，Aさんの業務経験，Bさんの資格取得が意思決定に影響を与える情報に該当します。では，次の質問です。

> **質問2**
> 　Aさん，Bさんに関するこの情報は本当でしょうか？

　情報が本当かどうかは応募してきたAさん，Bさんのみがそれぞれ知っています。

　このように，取引を行う前に，取引される財に関しての本当の情報を相手は知っているが，あなたは知らないといった場合に**情報が非対称**であるといいま

す。

　次に，あなたは A さんを雇用し，研修も終わり，お店の業務を任せることにしたとします。あなたは不在のことも多く，雇用した A さんの勤務態度をいつも監督することはできません。次の質問を考えてみましょう。

質問 3

　A さんは，お店の売上に関係なく，決められた時給を受け取ることができます。お店の売上は，A さんが努力すればより高くなることもありますが，A さんの努力にかかわらず売上が低迷することもあります。あなたが不在だったある日，売上が低迷しました。A さんは努力をしたといっていますが，それを確かめる術はありません。A さんは，本当に努力をしてくれたのでしょうか？

　このように<u>取引を行った後</u>に，相手は正確な情報を知っているが（この場合は A さんが本当に努力をしたのかどうか），あなたは知らないという場合もあります。この場合も，**情報が非対称**であるといえます。

　以下では，まずは取引を行う前の情報の非対称性の影響を考察し，その後，取引を行った後に存在しうる情報の非対称性の影響を考察します。

取引前における情報の非対称性が持つ影響

実験で考える：中古品市場

　中古品市場を考えましょう。たとえば，中古の服や靴，バッグ，車などを売買する市場を考えてください。市場には現在の所有者（売り手）と，売り手が出品する中古品を欲している買い手がいます。中古品には，さまざまな状態（品質）のものがありますが，単純化のために，状態の良い中古品と，状態の悪い中古品の2種類だけがあるとします。それぞれの状態の中古品の売り手と買い手にとっての価値は**表7.1**のとおりだとします。

　中古品の状態が良いのか悪いのかを，現在の所有者（売り手）は知っていますが，買い手には購入前には区別がつかないとします。また，購入者は購入後に中古品の状態が悪かったとしても返品できないものとします。売り手は，それぞれ中古品を1個所有しており，自分にとっての価値よりも1以上高い価格がつくのであれば，売却するとします。つまり，状態の良い中古品を持つ売り手は，価格が1601以上であれば売却し，状態の悪い中古品を持つ売り手は，価格が1以上であれば売却します。買い手は，いくつでも中古品を購入できるとします。買い手にとっての利益は，

　　（3500 − 購入希望価格）× 購入した状態の良い中古品の数
　　 ＋（500 − 購入希望価格）× 購入した状態の悪い中古品の数

となります。

CHART 表7.1　売り手と買い手にとっての中古品の価値

	状態の良い中古品	状態の悪い中古品
売り手	1600	0
買い手	3500	500

それでは，実験に入る前に，理解を深めるための実験設定の確認クイズを解いてみましょう。

実験設定の確認クイズ7.1

あなたは**買い手**となって，中古品の購入希望価格を提示します。そして，提示した購入希望価格以下であれば，何個でも中古品を購入するとします。

- 今，中古品市場には 12 人の売り手がいるとします。
- 買い手はあなた 1 人だけです。
- 12 人の売り手のうち，6 人は状態の良い中古品を所有し，残り 6 人は状態の悪い中古品を所有しています。

買い手であるあなたの利得を最大にするためには，提示する購入希望価格をいくらにすればよいか，次のカッコ（[あ]，[い]，[う]）を埋めて考えてみましょう。

- ケース 1：提示する購入希望価格を 1601 にする
  $(3500 - [あ]) \times [い] + (500 - 1601) \times 6 = 11394 - 6606 = 4788$
- ケース 2：提示する購入希望価格を 1 にする
  $(3500 - 1) \times [う] + (500 - 1) \times 6 = 0 + 2994 = 2994$

ケース 1 のように購入希望価格を 1601 にすれば，一番安い価格で，状態の良い中古品を購入できます。ただ，この場合は，状態の悪い中古品を持つ売り手も売りたがるでしょう。したがって，あなたの利得は，

$$(3500 - 1601) \times 6 + (500 - 1601) \times 6 = 11394 - 6606 = 4788$$

となります。ケース 2 のように購入希望価格を 1 にすると，状態の良い中古品は購入できませんが，状態の悪い中古品を一番安い価格で購入することができます。よって，この場合のあなたの利得は

$$(3500 - 1) \times 0 + (500 - 1) \times 6 = 0 + 2994 = 2994$$

となります。ケース 1 の方が利得が高くなるので，購入希望価格は 1601 を提示することであなたの利得を最大にすることができます。

では，別の状況を考えてみましょう。

実験設定の確認クイズ7.2

実験設定の確認クイズ7.1 同様，あなたは**買い手**となって，中古品の購入希望価

格を提示します。そして，提示した購入希望価格以下であれば，何個でも中古品を購入するとします。

- 今，中古品市場には 12 人の売り手がいるとします。
- 買い手はあなた 1 人だけです。
- 12 人の売り手のうち，4 人は状態の良い中古品を所有し，残り 8 人は状態の悪い中古品を所有しています。

買い手であるあなたの利得を最大にするためには，提示する購入希望価格をいくらにすればよいか，次のカッコ（[か]，[き]，[く]，[け]）埋めて考えてみましょう。

- ケース 3：提示する購入希望価格を 1601 にする

  $(3500 - [か]) \times [き] + (500 - 1601) \times 8 = 7596 - 8808 = -1212$

- ケース 4：提示する購入希望価格を 1 にする

  $(3500 - 1) \times [く] + (500 - 1) \times [け] = 0 + 3992 = 3992$

　ケース 3 のように購入希望価格を 1601 にすれば，一番安い価格で状態の良い中古品を買えますが，すでに見たように，この価格では状態の悪い中古品の売り手も売りたがるでしょう。よって，あなたの利得は

$$(3500 - 1601) \times 4 + (500 - 1601) \times 8 = 7596 - 8808 = -1212$$

となります。ケース 4 のように購入希望価格を 1 にすれば，状態の悪い中古品のみを一番安い価格で購入できるので，あなたの利得は

$$(3500 - 1) \times 0 + (500 - 1) \times 8 = 0 + 3992 = 3992$$

となります。したがって，この問題では，購入希望価格は 1 を提示して，状態の悪い中古品だけを購入することで，あなたの利得を最大にすることができます。

　それでは実験を始めましょう。買い手が複数いる状況を考えます。

実験 7.1，7.2

- 中古品市場には 6 人の買い手がいます。6 人の買い手は参加者の中からランダムに選ばれます。
- それ以外の参加者は売り手となります。売り手になった場合は，状態の悪い品と状態の良い品のどちらか 1 つが割り当てられます。
  - それぞれの状態の中古品を持っている売り手の人数は，画面に表示されます。

- 買い手の役割となった人は，購入希望価格を提示します。購入希望価格は，取引時間中に何度でも自由に変更できます。
- 売り手の役割となった人は，買い手によって提示された購入希望価格を見て，所有する中古品を誰に売るか決めてください。取引時間中は，提示される購入希望価格が変更される可能性がありますので，注意して意思決定してください。
- 買い手は取引時間中，商品をいくつでも買うことができます。

　実験では，状態の良い中古品と状態の悪い中古品の売り手が半数ずついる状況（**実験7.1**）に加えて，状態の悪い中古品の売り手が状態の良い中古品の売り手に比べて2倍いる状況（**実験7.2**）の2つの状況で実施しました。

┃ 理論で考える：レモン市場 ┃

　この実験では，売り手だけが自分の持っている中古品が良い状態なのか悪い状態なのかを把握できます。買い手は，良い品と悪い品の売り手が何人ずついるのかは知らされていますが，個別の中古品に関して，購入前にはその状態を区別することはできず，購入後になってその品がどちらの状態だったのかを知ることができます。取引前には売り手と買い手が持つ中古品の状態に関しての情報が非対称になっているのです。

　この実験では，売り手は，自分の持っている中古品の状態に加えて，各買い手の購入希望価格がわかっているので，自分の利得を最大にするように売却先を決めることができます。一方で，買い手は，どの状態の中古品が売られてくる可能性があるのかを考慮しながら，慎重に購入希望価格を決める必要があります。

　より多くの情報を持っている売り手が常に有利な市場に見えるかもしれませんが，必ずしもそうではありません。実験設定の確認クイズ7.2でも見たように，買い手が商品の状態を事前に確認できない場合，状態の悪い品の売り手の存在によって，状態の良い品がまったく取引されなくなる可能性があるからです。このように売り手と買い手の間に情報の非対称であることによって，取引が阻害される問題を**逆淘汰**（**アドバース・セレクション**，**逆選択**）と呼びます。

　逆淘汰は，2001年にノーベル経済学賞を受賞したジョージ・アカロフが1970年に発表した論文（Akerlof, 1970）によって提起され，中古車市場の例で

説明がなされました。アメリカでは欠陥中古車をレモンと呼ぶことから，中古車市場での逆淘汰のモデルをとくに**レモン市場**のモデルと呼びます。中古車の品質を見た目で判断できず，売り手のみがその性能や使用歴を知っているので情報の非対称性が生じているからです。

　実験では良い状態の中古品と悪い状態の中古品の売り手の数がわかっているので，買い手は中古品の価値の期待値を計算することができます。

　それぞれの状態の中古品の売り手が半々の市場では，買い手にとっての中古品の期待値は $3500 \times 1/2 + 500 \times 1/2 = 2000$ です。ですので，買い手は，購入希望価格を 2000 以下に設定するでしょう。もし，実験設定の確認クイズのように，買い手が 1 人しかおらず，買い手の間で競争がなければ，状態の良い中古品の売り手が売却するのに必要な 1600 以上でなるべく低い価格を提示するはずです。

　一方で，状態の良い中古品の売り手 1 人に対して，状態の悪い中古品の売り手が 2 人いるような市場では，買い手にとっての中古品の期待値は $3500 \times 1/3 + 500 \times 2/3 = 1500$ です。ですので，買い手は，購入希望価格を 1500 以下に設定するでしょう。しかし，この価格では，状態の良い中古品を購入することはできません。状態の良い中古品の売り手にとっての所持品の価値が 1600 なので，1600 以下では売却しないからです。

　その結果，買い手が購入できるのは，状態の悪い中古品だけなので，買い手にとってのその価値は 500 となります。そのため，買い手が 500 よりも高い購入希望価格を提示すると大きな損失が発生することになります。それを見越した買い手は，提示する購入希望価格を 500 以下にするでしょう。実験設定の確認クイズのように，買い手が 1 人しかいない場合は，0 以上でなるべく低い価格を提示するはずです。

▍実験結果を確かめる▍

状態の良い中古品と状態の悪い中古品の売り手が半数ずついる状況（**実験 7.1**）と，後者が前者の 2 倍いる状況（**実験 7.2**）について結果を見てみましょう（**表 7.2**）。

　実験の結果からも悪い品が多くなると，取引量や取引価格が下がっていくこ

	実験7.1	実験7.2
1グループの良い品を持っている売り手の人数	3人	2人
1グループの悪い品を持っている売り手の人数	3人	4人
（グループ平均）取引総数	4.56	4.25
（グループ平均）良い品の取引数	2.12	1.43
（グループ平均）悪い品の取引数	2.43	2.81
良い品の取引の平均価格	2645.55	2589.34
悪い品の取引の平均価格	2286.92	2249.82

とが確認できます。このように悪い品が増え始めると，結果として信用できるような品物が取引されなくなっていき，この市場からはさらに良い品の売り手が退出していくことが考えられるでしょう。

③ 取引後における情報の非対称性が持つ影響

　質問3で見たAさんとの雇用契約のように，私たちの周りにはさまざまな関係が存在します。今回の実験では，頼む人（プリンシパル）と頼まれる人（エージェント）の関係性を考えます。表7.3に例を示してみました。このような関係の両者間に生じる問題をプリンシパル・エージェント問題と呼んだりします。

　いろいろな関係性（プリンシパル・エージェント）を見たときに，どの関係性であっても頼まれた人はその頼まれたことに対して努力して結果を出すことが求められています。

　また，努力をして求められる結果を出すことが理想ですが，実際には，努力したからといって必ずしもそのような結果を出せるわけではありません。また，ある人が本当に努力したのかどうかは必ずしも観察できるわけではなく，求められていた結果が出せたのか出せなかったのかだけが観察できる場合も多くあります。以下，このように相手の行動（努力）が観察できないことの影響を，実験を通じて見ていきましょう。

頼む人（プリンシパル）	頼まれる人（エージェント）	何を依頼するか
雇用主	アルバイト	アルバイト業務
株主	経営者	企業の経営
患者	医者	怪我・病気の治療
国民	政治家	国家の運営
預金者	銀行	資金の貸し付け

（出所）石田・玉田（2020）表2.1。

実験で考える：プリンシパル・エージェント問題

実験7.3

この実験では，みなさんは2人1組でゲームに参加していただきます。2人のうちの1人がプレイヤーA，もう1人がプレイヤーBになります。役割はランダムに決まります。この実験は，3回繰り返します。毎回，あなたの役割（プレイヤーAまたはB）は同じですが，相手は異なります。

- プレイヤーAは，UまたはDを選ぶことができます。
  Uを選ぶと，プレイヤーBの意思決定に移ります。
  Dを選ぶと，その回は終了し，プレイヤーAもプレイヤーBも5の利得を得ます。
- プレイヤーBは，プレイヤーAがUを選んだ場合にRまたはNRを選びます。
  Rを選ぶと，6分の5の確率でプレイヤーAが12，プレイヤーBが10の利得を獲得し，6分の1の確率で，プレイヤーAが0，プレイヤーBが10の利得を得ます。
  NRを選ぶと，プレイヤーAが0，プレイヤーBが14の利得を得ます。
1. あなたはプレイヤーAだとします。UかDのどちらを選びますか？
2. あなたはプレイヤーBで，プレイヤーAがUを選んだとします。RとNRのどちらを選びますか？

実験7.4

この実験では，みなさんは2人1組でゲームに参加していただきます。2人のうちの1人がプレイヤーA，もう1人がプレイヤーBになります。役割はランダムに決まります。この実験は，3回繰り返します。毎回，あなたの役割（プレイヤーAまたはB）は同じですが，相手は異なります。

- プレイヤーAは，UまたはDを選ぶことができます。

Uを選ぶと，プレイヤーBの意思決定に移ります。

Dを選ぶと，その回は終了し，プレイヤーAもプレイヤーBも5の利得を得ます。

- プレイヤーBは，プレイヤーAがUを選んだ場合にRまたはNRを選びます。

 Rを選ぶと，プレイヤーAが12，プレイヤーBが10の利得を得ます。

 NRを選ぶと，プレイヤーAが0，プレイヤーBが14の利得を得ます。

1. あなたはプレイヤーAだとします。UかDのどちらを選びますか？
2. あなたはプレイヤーBで，プレイヤーAがUを選んだとします。RとNRのどちらを選びますか？

　さて，みなさんは，この**実験7.3**と**実験7.4**の違いが，実験結果にどのような影響を与えると予測しますか？ 実験結果を見る前に考えてみてください。

理論で考える：モラル・ハザード

　取引をしたあとに発生する情報の非対称性の問題は，**モラル・ハザード**といわれ，取引に関わっている一方（たとえば，アルバイト）の行動を，もう一方（たとえば，雇用主）が完全には観察できないことから生じる問題です。たとえば，任意の自動車保険の売買を考えましょう。自動車保険に加入したことで，事故を起こしてもその際の費用は保険が補償してくれるからと，保険に加入する前よりも危険な運転行為を行うようになる運転者がいるかもしれません。このようなモラル・ハザードを予測する保険の売り手は，そうでない場合よりも保険料を上げる必要が出てくるかもしれませんし，時には，取引自体が成立しなくなる可能性もあります。

　ほかにも，幼稚園から大学まで，いったん入学すれば，ほとんど勉強しなくても大学まで進学して卒業できることが保証されているような一貫校では，幼稚園に入園した後，大学卒業までほとんど勉強しない人がでてくるかもしれませんし，いったん就職したら，その後は，定年まで雇用も給与も保証されているような職場では，労働者は手を抜いて仕事をするようになるかもしれません。

　実験7.3と**7.4**は，プレイヤーAがプリンシパル（雇用主），プレイヤーBがエージェント（アルバイト）です。ここでは，プレイヤーAのUは，AがプレイヤーBと取引を行う（Bを雇用する）ことを，逆にDは，取引を行わない

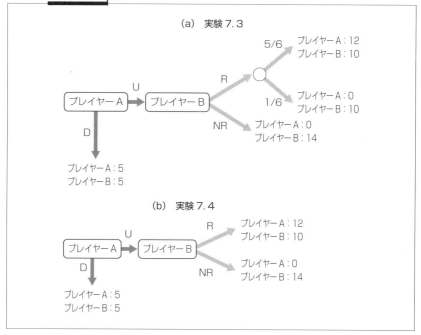

(a) 実験7.3

プレイヤーA → U → プレイヤーB → R → ○ → 5/6 → プレイヤーA：12 プレイヤーB：10

1/6 → プレイヤーA：0 プレイヤーB：10

NR → プレイヤーA：0 プレイヤーB：14

D → プレイヤーA：5 プレイヤーB：5

(b) 実験7.4

プレイヤーA → U → プレイヤーB → R → プレイヤーA：12 プレイヤーB：10

NR → プレイヤーA：0 プレイヤーB：14

D → プレイヤーA：5 プレイヤーB：5

（雇用しない）ことを表しています。そして，プレイヤーBのRは，Bが努力することを表し，NRは，努力しないことを表しています。Rを選ぶと，Bの努力の結果，NRと比べて，Aにとっての利得が高くなる一方，Bにとっては，努力をすることの費用がかかるので，利得が低くなるわけです。

図7.1に，実験7.3と7.4をゲームの木を示しています。実験7.3は，チャーネスとデュッフェンバーグが2006年に出版した論文（Charness and Dufwenberg, 2006）でも用いられたものです。

それでは，これらのゲームの部分ゲーム完全均衡を見てみましょう（部分ゲーム完全均衡は40～41頁を参照してください）。まず，実験7.3を考えましょう。この実験では，プレイヤーBがRを選んだときの期待利得は $(5/6) \times 10 + (1/6) \times 10 = 60/6 = 10$ です。一方で，NRを選んだ場合の利得は14ですので，プレイヤーBはNRを選ぶでしょう。プレイヤーBがNRを選ぶと予測するプレイヤーAは，Uを選ぶと自身の利得は0，Dを選ぶと利得は5となりますので，Dを選ぶでしょう。

実験 7.4 でも同様に，プレイヤー B は，R を選ぶと 10 の利得，NR を選ぶと 14 の利得が得られるので，NR を選ぶでしょう。そして，プレイヤー B が NR を選ぶと予測するプレイヤー A は，U を選ぶと自身の利得が 0，D を選ぶと利得は 5 となるので，D を選ぶでしょう。

このように部分ゲーム完全均衡は，どちらも，プレイヤー A が D，プレイヤー B が（もし意思決定する場合は）NR を選ぶ結果，2 人とも利得 5 を得ると予測します。一方で，2 人によって，プレイヤー A が U を，プレイヤー B が R を選んだ方が，2 人とも利得が高くなります。

理論的な予測は同じなのですが，ここで考えたいのは，実験 7.3 で，プレイヤー B が R を選んだとしても，6 分の 1 の確率でプレイヤー A の利得が 0 になることの影響です。

実験 7.4 で U を選んだプレイヤー A が利得 0 を受け取ると，それはプレイヤー B が NR を選んだからだとプレイヤー A は理解できる一方，実験 7.3 では，U を選んだプレイヤー A が利得 0 を受け取ったのが，プレイヤー B が NR を選んだからなのか，R を選んだにもかかわらず，運悪く A の利得が 0 になってしまったからなのか区別ができません（図 7.1 (a) 実験 7.3：プレイヤー A の利得が 0 の 2 箇所）。このプレイヤー B が R を選んだのか，NR を選んだのか，プレイヤー A には，結果からは判別できないというのが，モラル・ハザード問題の特徴なのです。

これまでに実験で，実験 7.4 のようなゲームでも，部分ゲーム完全均衡の予測とは異なり，U を選ぶプレイヤー A 役の参加者や，それに対して R を選ぶプレイヤー B 役の参加者が観察されることは見てきました。実験 7.3 のようにモラル・ハザード問題がある場合には，実験 7.4 と比べて，R を選ぶプレイヤー B 役の参加者の割合が下がり，それを見越して D を選ぶプレイヤー A 役の参加の割合が高くなることが予測されます。

▎実験結果を確かめる ▎

図 7.2 に実験の結果を示しています。パネル（b）と（d）を比較すると，とくに 3 回目で，モラル・ハザード問題がある実験 7.3 で，実験 7.4 と比較して，NR を選ぶプレイヤー B の割合が高くなっていることが見てとれます

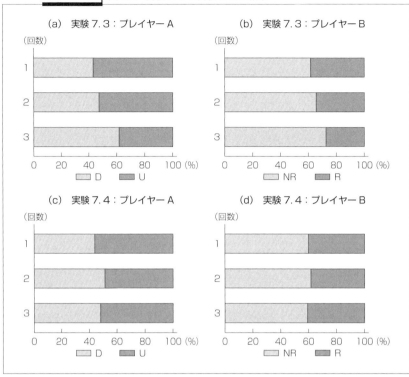

(72.7% vs. 59.3%)。そして，パネル（a）と（c）の比較から，Dを選ぶプレイヤーAの割合が，前者で後者よりも高くなっていることが見てとれます（61.7% vs. 48.4%）。逆淘汰の結果，取引が阻害され市場が失敗したように，モラル・ハザードの結果，取引が阻害されて市場が失敗しているのです。

4. 情報の非対称性の解決策

　情報の非対称性の結果，市場が失敗することを見てきました。これらの問題はどのようにすれば解決できるのでしょうか？　逆淘汰と，モラル・ハザードを分けて考えてみましょう。

逆淘汰の解決策

　取引を行う前の逆淘汰の問題は，たとえば，ある一定期間内の無償修理など の追加的なサービスを提供することで解決できる可能性があります。たとえば， 理論的には，状態の悪い中古品しか取引されないような**実験7.2**で考察した 中古品市場で，中古品の売り手が，買い手に対して購入後1年間の無償修理サー ビスを提供することができるとします。ただし，このサービスの提供には費 用がかかります。たとえば，状態の良い中古品の場合は，修理の必要性が低い ので，500でこのサービスを提供できる一方，状態の悪い中古品の場合は，修 理をする必要性が高いので，このサービスを提供するのに2500の費用がかか るとしましょう。このとき，たとえば，状態の良い中古品の売り手は，中古品 を無償修理サービスとともに，2500で売却することで利益を得ることができ ますが（2500－1600－500＝400），状態の悪い中古品の売り手にとっては，これ では利益を得ることができません（2500－0－2500＝0）。ですので，このケース では，買い手は，無償修理サービスとともに市場で売却される中古品は状態の 良いものだけと判断することができるのです。

　売り手は，無償修理サービスをつけることで，売っている中古品が状態が良 いものであるという**シグナル**を買い手に送っているのです。

　ただ，無償修理サービスをつけたからといって，商品の価格を上げすぎると， 逆淘汰の問題は解決されません。たとえば，無償修理サービス付きで価格が 2600だとすると，状態の悪い中古品の売り手にとっても，無償修理サービス をつけて商品を売ることで利益を得ることができるので（2600－0－2500＝100）， そうするでしょう。こうなると，状態の良い中古品と悪い中古品のどちらにも 無償修理サービスがつけられてしまうので，買い手は，また商品の状態を判断 できなくなってしまうからです。同様に，追加的なサービスを提供する費用が 低すぎても機能しません。追加的なサービスが商品の品質のシグナルとして機 能するためには，高品質の商品の売り手だけが，それを提供する動機を持つよ うな価格や費用でなければならないのです。

　以上は，情報を持っている側（中古品の売り手）が，買い手にその情報を伝え るためにシグナルを送ることを考えました。逆に，情報を持っていない側が，

何らかの方法を用いて，情報を持っている側を**スクリーニング**することも考えられます。たとえば，先述の無償修理サービスを，買い手の側から要求し，それを提供する売り手のみから購入するといった具合です。大学の入学試験も，入学希望者の学力に関しての情報を持たない大学が，その情報を持つ入学希望者をスクリーニングしているのです。スクリーニングに関しても，それが機能するためには，高品質の商品の売り手だけが，買い手の要求を満たすような仕組みを作る必要があります。

┃ モラル・ハザードの解決策 ┃

取引を行ったあとのモラル・ハザードの問題は，プリンシパルとエージェントが同じ動機を持っていないことから生じます。たとえば，お店の売上とはまったく関係なく給与がもらえるアルバイトにとっては，わざわざ費用を払って努力をしてお店の売上を上げたとしても，それで利益を得るのは雇主だけなので，努力をする動機を持たないという具合です。ですので，この問題を解決するためには，費用を払って努力をしてお店の売上が上がったら，アルバイトの給与も上がるという具合に成功報酬を導入することで解決できる可能性があります。

たとえば，**実験7.3**で，プレイヤーAが，Uを選ぶ際に，プレイヤーBに，自分の獲得利得の $5/12$ を追加の成功報酬として手渡すという契約を結ぶことができるとします。この場合，プレイヤーBがRを選んだときの期待利得は $(5/6) \times (10+5) + (1/6) \times (10+0) = 85/6 > 14$ で，NRを選んだ場合の利得よりも高くなるので，Rを選びます。このとき，プレイヤーAの追加の成功報酬の契約とともにUを選ぶ期待利得は $(5/6) \times 7 = 35/6 > 5$ で，Dを選ぶ利得よりも高くなり，部分ゲーム完全均衡が変化することがわかります。

SUMMARY ●まとめ

□ 1 取引成立前に，買い手と売り手が持っている商品の品質などの取引に関し情報の非対称性がある場合は，逆淘汰と呼ばれる市場の失敗が生じる可能性が

ある。

□**2** 取引成立後に，相手の行動が観察できず，かつ，観察可能な指標から相手の行動を特定できないという情報の非対称性がある場合は，モラル・ハザードと呼ばれる市場の失敗が生じる可能性がある。

EXERCISE ● 練習問題

1 売り手と買い手にとっての中古品の価値が表に示されています。買い手は中古品の状態はわかりませんが，売り手は知っているとします。また，売り手は，自らにとっての中古品の価値よりも 1 以上高い価格を提示されれば，中古品を買い手に売るものとします。

売り手と買い手にとっての中古品の価値

	状態の良い中古品	状態の悪い中古品
売り手	1000	0
買い手	1800	300

- もし，状態の良い中古品の売り手が売り手全体の 1/3 を，状態の悪い中古品の売り手が売り手全体の 2/3 を占めていると買い手が考えていた場合，利得を最大にしようとする買い手は，中古品の価格としていくら提示するでしょうか？ また，そのときに，取引されるのは，状態の良い中古品だけ，状態の悪い中古品だけ，それとも，両方のどれでしょうか？

- もし，状態の良い中古品の売り手が売り手全体の 1/2 を，状態の悪い中古品の売り手が売り手全体の 1/2 を占めていると買い手が考えていた場合，利得を最大にしようとする買い手は，中古品の価格としていくら提示するでしょうか？ また，そのときに，取引されるのは，状態の良い中古品だけ，状態の悪い中古品だけ，それとも，両方のどれでしょうか？

2 （発展問題） あなたは，自分の開発した製品を 40000 円で販売するために，従業員を 1 人雇用することを計画しています。あなたの利益は，もし従業員が製品を売った場合は，40000－従業員への支払い，もし製品が売れなかった場合は，0－従業員への支払いです。従業員は，製品を売るために費用を払って努力をするかもしれませんし，努力をしないかもしれません。従業員が努力をした場合，製品が売れる確率は 50％ で，努力をしなかった場合，製品が売れる確率は 10％ です。ただ，残念ながら，あなたには従業員が本当に努力をしたのかどうかは観察することはできません。従業員は，支払い W を受け取ったとき，

$\sqrt{W}$－努力の費用で表される利得を得ることができるとします。今，努力の費用は，努力をしたときは 20，努力をしなかったときは 0 であるとします。また，従業員はあなたに雇用されない場合は，50 の利得を得るとします。従業員は雇用される場合とされない場合で無差別のときは雇用されることを選び，また，努力するのとしないのとが無差別のときは努力をするとします。以下の問いに答えなさい。

(a)　あなたが，従業員に固定給しか支払うことができない場合を考えましょう。従業員を雇用するには，最低，いくら支払わないといけませんか？ このとき，従業員は努力をするでしょうか？ また，あなたの期待利得はいくらですか？

(b)　あなたは，固定給に加えて，販売成功ボーナスを支払うことができる場合を考えましょう。従業員を雇用し，かつこの従業員が努力をするためには，固定給と販売成功ボーナスをそれぞれ最低いくらに設定すればよいでしょうか？ また，このときのあなたの期待利得はいくらですか？

③　（プログラミング練習問題）　前章まででランダムに当たりの人を選ぶようになった [chusen] に「あなたはこの抽選に参加しますか」という質問（第 3 章のときに追加）で参加すると回答した人だけ [Atari.html] に進むように分岐を変更してみましょう。

④　（プログラミング練習問題）　図 7.1 を参考にプレイヤー B のあとでもう一度プレイヤー A の意思決定が起きる状況を考え，その設定でプログラムと利得を変更してみましょう。

第**8**章

比較優位と交易の利益

イントロダクション

　第4章の市場実験では，売り手や買い手というようにそれぞれの役割と，商品評価額や生産コストが与えられた実験を用いて，市場取引を通じて効率的な資源配分が達成されることを見てきました。本章では，取引に加えて，取引に用いる財の生産に関して考えてみましょう。この実験から，機会費用，比較優位，絶対優位，生産可能性フロンティアといった概念を理解しましょう。

1 実験で考える：生産と取引

　次のような状況を考えてください。みなさんは，パンにチーズをはさんだチーズサンドが好きだとします。チーズサンドを1個消費する（食べる）ことで，利得1を得るものとします。チーズサンドを1個作るには，チーズ1個とパン1個が必要だとします。状況を簡単にするために，みなさんは，チーズだけ，

または，パンだけを消費してもまったく利得を得ることができず，利得を得るためにはチーズサンドを消費しなければならないとします。

例として，ある人がチーズ4個とパン6個を持っていたとします。他の人と取引がまったくできない場合，この人は，手持ちのチーズとパンからチーズサンド4個を作って消費し利得4を得ることができますが，余ったパン2個から利得を得ることはできません。

ここまでは，チーズやパンの生産を考えてきませんでしたが，これからそれらの生産について説明します。

みなさんは，1週間に20時間をチーズやパンの生産に使えるとします。20時間以上使って，チーズやパンの生産をしたいという方もいるかもしれませんが，とりあえず20時間しか使えないと仮定してください。この20時間を使って，チーズやパンを生産するのですが，チーズやパンを生産するのにどれだけの時間がかかるのかは，人によって違うとします。

ここでは，問題を単純化するために，みなさんは，AまたはBの2種類のスキルタイプのいずれかを持っているとします。Aタイプの人は，チーズ1個を生産するのに1時間，パン1個を生産するのに1.5時間かかります。Bタイプの人は，チーズを1個生産するのに3時間，パン1個を生産するのに2時間かかります。表8.1にそれぞれのスキルタイプの人が，チーズとパンそれぞれ1個生産するのに必要な時間がまとめてあります。本章の実験は，バーグ

CHART | 表8.1　それぞれのスキルタイプがチーズとパンの生産に必要とする時間

スキルタイプ	A	B
チーズ1個の生産にかかる時間	1時間	3時間
パン1個の生産にかかる時間	1.5時間	2時間

ストロームとミラーの教科書（Bergstrom and Miller, 1999）の第11章の設定を参考にしています。

実験 8.1：取引が不可能な（自給自足の）世界

　今，他の人と取引がまったくできないとします。つまりチーズサンドを消費するためには，20 時間の中で自分が生産したチーズとパンだけを使ってチーズサンドを作る必要があります。

1. あなたが A タイプだった場合は，自分が消費できるチーズサンドの数を最大にするために，チーズとパンをそれぞれ何個ずつ生産しますか？
2. あなたが B タイプだった場合は，自分が消費できるチーズサンドの数を最大にするために，チーズとパンをそれぞれ何個ずつ生産しますか？

　それでは，取引が可能な場合を考えていきましょう。

実験 8.2：取引が可能な世界1

　今度は，他の人と取引ができる状況を考えてください。ただし，A タイプの人は A タイプの人と，B タイプの人は B タイプの人としか取引できないとします。実験は，次のように進みます。

1. みなさんのスキルタイプ（A または B）が画面に表示されます。実験に参加しているみなさんの約 1/3 が A タイプで，残りの約 2/3 が B タイプです。
2. 自分のスキルタイプを確認したら，与えられた 20 時間を使って，パンとチーズをどれだけ生産するかを決めて，入力します。（小数点以下 1 桁まで分割可能とします。）
3. 生産したパンとチーズを市場に持ち込み，他の人と取引します。この際，A タイプだけが参加できる市場と B タイプだけが参加できる市場があり，みなさんのタイプに応じて，どちらかに自動的に参加することになります。

　市場取引は連続ダブル・オークションを用います。図 8.1 が，取引の際の実験画面を示しています。今回の実験では，チーズとパンの交換レートを次のように提示することで取引をすることになります。

- 買い注文：パン 1 個を入手するために，最大支払ってもよいと思うチーズの個数（買値）を指定する。
- 売り注文：パン 1 個を売却するために，最低受け取る必要があるチーズの個数（売値）を指定する。
- 買値も売値も 0.1 以上，10 以下で，0.1 単位で指定できるとします。

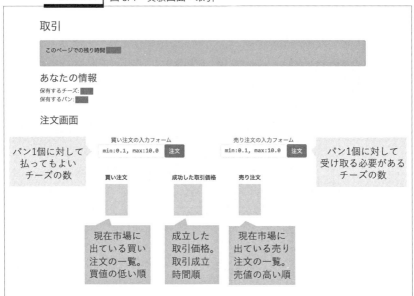

　画面の上に，現在，みなさんが保有するチーズとパンの量が表示されます。画面の左側から，買値を入力して，買い注文を提出します。現在，市場に出ている買い注文はその下に表示されます。画面の右側から，売値を入力して，売り注文を出します。現在，市場に出ている売り注文はその下に表示されます。画面の真ん中にはこれまで成立した取引の価格が表示されます。

　今回の実験では，みなさんは売り手にも買い手にもなれるので，操作を簡単にするために，買い注文や売り注文を随時提出する作業だけに集中してください（市場に出ている注文を「受理」することで取引することはできません）。みなさんが注文を出していくなか，市場に出ている最高の買値が最小の売値以上となった時点で，そのような買値と売値のうち，どちらか先に市場に出ていた方の値段で取引が成立するとします。

　制限時間180秒内であれば，買い注文，売り注文ともに，何度でも出すことができます。また，手持ちのパンとチーズの量が許すかぎり何度でも取引できます。

　取引が終了したあとで，みなさんは手持ちのパンとチーズを使って，チーズ

サンドを作り（チーズサンド 1 個作るのに，チーズとパンがそれぞれ 1 個ずつ必要です），それを消費することで，利得を得ます。チーズサンドの消費は 0.1 個単位で可能だとします。

　これで，実験の説明は終わりです。実験の設定は理解できましたか？　それでは，取引が可能な実験を開始します。取引が可能な実験を 3 回繰り返します。この間，みなさんのスキルタイプは変わりません。

実験 8.2：続き
1. あなたが A タイプであれば，パンとチーズそれぞれ何個生産しますか？
2. あなたが B タイプであれば，パンとチーズそれぞれ何個生産しますか？
読み進める前に，少し考えてみてください。

実験 8.3：取引が可能な世界 2
　今度は，タイプに関係なく，他のすべての人と自由に取引ができる状況を考えましょう。実験は，次のように進みます。
1. みなさんのスキルタイプ（A または B）が画面に表示されます。実験に参加しているみなさんの約 1/3 が A タイプで，残りの約 2/3 が B タイプです。
2. 自分のスキルタイプを確認したら，与えられた 20 時間を使って，パンとチーズをどれだけ生産するかを決めて，入力します。（小数点以下 1 桁まで分割可能とします。）
3. 生産したパンとチーズを市場に持ち込み，他の人と取引します。

　市場取引の方法は，先ほどの実験とまったく同じで，チーズとパンの交換レートを次のように提示することで取引をすることになります。
- 買い注文：パン 1 個を入手するために，最大支払ってもよいと思うチーズの個数（買値）を指定する。
- 売り注文：パン 1 個を売却するために，最低受け取る必要があるチーズの個数（売値）を指定する。
- 買値も売値も 0.1 以上，10 以下で，0.1 単位で指定できるとします。

　取引が終了したあとで，みなさんは手持ちのパンとチーズを使って，チーズサンドを作り（チーズサンド 1 個作るのに，チーズとパンがそれぞれ 1 個ずつ必要です），それを消費することで，利得を得ます。チーズサンドの消費は 0.1 個単位で可能だとします。

これで，実験の説明は終わりです。実験の設定は理解できましたか？ それでは，取引が可能な実験を開始します。実験は3回繰り返します。この間，みなさんのスキルタイプは変わりません。

実験8.3：続き

1. もしあなたがAタイプだったら，パンとチーズそれぞれ何個生産しますか？
2. もし，あなたがBタイプだったらどうでしょうか？

読み進める前に，少し考えてみてください。

 理論で考える：比較優位と交易の利益

自給自足の場合

まずは，取引が不可能な自給自足な状況を考えてみましょう。Aタイプ，Bタイプそれぞれが，自分の利得（つまり，チーズサンドの消費量）を最大にするには，パンとチーズをそれぞれどれだけ生産したらよいでしょうか？

図8.2は，左側にAタイプ，右側にBタイプの生産に関して必要な情報を示しています。左側のAタイプについて見ていきましょう。図の中に示されている4本の線（チーズサンド2個，チーズサンド4個等）は，一定の数のチーズサンドを作るのに必要なパン（横軸）とチーズ（縦軸）との組み合わせを示しており，**等量（曲）線**と呼ばれます。図中の45度線はチーズとパンの数が等しい点を示しています。この図で，等量（曲）線が45度線よりも上では，垂直（縦）の直線となっているのは，たとえば，パンが2個しかなければ，チーズが2個あっても，4個あっても，10個あってもチーズサンドは2個しか作れないことを示し，同様に，等量（曲）線が45度線より下では，水平（横）の直線となっているのは，チーズ2個しかなければ，パンが2個あっても，4個あっても，10個あってもチーズサンドは2個しか作れないことを表しています。

次に，Aタイプ1人が20時間を使って生産することができるパンとチーズの組み合わせを考えてみましょう。ある人が持っている生産資源（この場合は20時間の労働時間）をすべて使った場合に生産可能な財の集合（この場合は，パ

CHART 図8.2 自給自足状態での生産の決定

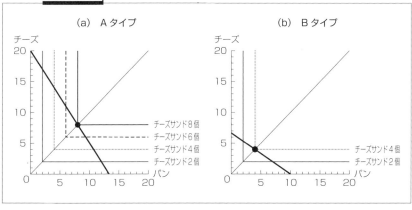

ンとチーズの組み合わせ）のことを**生産可能性フロンティア**といいます。この実験では，Aタイプの人がチーズ1個を生産するのに1時間，パン1個を生産するのに1.5時間必要（**表8.1**参照）と仮定されています。よって，Aタイプの人が，もし20時間すべてを使って，チーズを生産した場合は，チーズを20個生産できますが，当然，この場合はパンは0個の生産となります（縦軸上の点）。もし20時間すべてをパンの生産に費やした場合は，パン$13\frac{1}{3}$個生産できることになりますが，チーズは0個の生産となります（横軸上の点）。よって，20時間を使って，Aタイプの人がパンとチーズの両方を生産する際に可能なパンとチーズの組み合わせ（生産可能性フロンティア）は，この2点を結んだ太線で示されます。

　図8.2のように，横軸にパンの生産量，縦軸にチーズの生産量を表す場合は，この直線で表された生産可能性フロンティアの傾きは，パン1個の生産をやめて，その分浮いた時間（1.5時間）をチーズの生産に回した場合に生産できるチーズの数（この場合，1.5個）を示しており，Aタイプにとってのパン1個を生産することの**機会費用**を表しています。一般的に，ある行為の機会費用とは，その行為をするために諦めならなかったものの（最大の）価値として定義されます。この実験設定では，与えられた20時間を用いてパンかチーズの生産しかできないと仮定されているので，パン1個を生産することの機会費用は，それをするために生産を諦めなければならなかったチーズの個数となります。

自給自足の場合は，利得を最大にするためには，自分の生産可能性フロンティア上で，最も多くのチーズサンドを生み出すことができるチーズとパンの組み合わせを選ばなければなりませんが，これは，生産可能性フロンティアと45度線が交わる点（チーズ，パンともに8個）であることが図からわかります。

　同様に，Bタイプの生産可能性フロンティアは，20時間すべてをチーズの生産に費やした場合に生産可能なチーズの数（$6\frac{2}{3}$個，縦軸上の点）と20時間すべてをパンの生産に費やした場合に生産可能なパンの数（10個，横軸上の点）の2点をつなぐ太線となり，この中で，チーズサンドの数を最大にするのは，45度線と交わる点（チーズ，パンともに4個）であることがわかります。また，Bタイプの生産可能性フロンティアを表す直線の傾きは，パン1個の生産をやめて，その分浮いた時間（2時間）をチーズの生産に回した場合に生産できるチーズの数（この場合，2/3個）を示しており，Bタイプにとって，パン1個を生産することの機会費用と一致します。

▌取引が可能な場合1と2 ▌

　では，他のタイプとの取引が可能な場合は，AタイプとBタイプは，それぞれパンとチーズを何個生産したらよいでしょうか？　みなさんは，どのように考えますか？　おそらく，パンとチーズの生産量を決める際に，まず，市場でパンとチーズがどういった比率で交換されるのか（市場取引での価格は，パン1個に対するチーズの量）を考えたのではないでしょうか？

　市場でのパンとチーズの交換比率に対する**予想**が，パンとチーズの生産量を決定するのにどのように影響するのかを見ていきます。まずは，Aタイプについて考えてみましょう。

　前節で述べたように，Aタイプにとって，自給自足の状態でパン1個を生産することの機会費用は，チーズ1.5個です。つまりパン1個の生産をやめて，その分浮いた時間（1.5時間）をチーズの生産に回した場合は，チーズを1.5個生産できます。よって，もし市場でパン1個をチーズに交換することで，チーズ1.5個よりも多くのチーズが確実に手に入るのであれば，自給自足のときよりもチーズの生産を減らす一方でパンの生産を増やし，市場でパンをチーズに交換する方が，より多くのチーズサンドを消費できることになります。逆に，

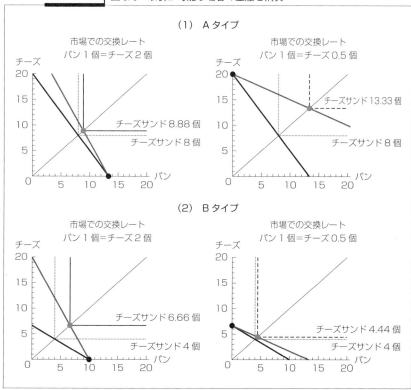

もし市場でのパンとチーズの交換比率が，パン1個当たりチーズ1.5個よりも少ない場合（つまり，チーズ1個当たり，パン2/3個よりも多くのパンが確実に手に入る場合）は，パンの生産を減らす一方で，チーズの生産を増やし，市場でチーズをパンに交換することで，より多くのチーズサンドを消費できることになります。

図8.3の上段では，市場での交換レートがパン1個当たりチーズ2個だった場合（左）と，交換レートがパン1個当たりチーズ0.5個だった場合（右）のAタイプの生産と消費を示しています。図中の黒い太線は，すでに見た生産可能性フロンティアです。灰色の太線は，黒色の点で示されるパンとチーズの生産を行ったのち，市場での交換レートに基づいてパンとチーズを自由に交換できた場合に消費することのできるパンとチーズの組み合わせ（消費可能性フ

ロンティア）を示しています。消費可能性フロンテイアが 45 度線と交わる点（灰色の点）がチーズサンドの消費を最大にするチーズとパンの組み合わせとなります。

　前述の議論から想像できるとおり，市場においてパン 1 個につき，A タイプのパン 1 個を生産する機会費用であるチーズ 1.5 個よりも多くのチーズが交換を通じて入手できる場合（図の左）には，A タイプは，労働時間 20 時間すべてを使ってパンを生産し（パンの生産に**特化**し），それらの一部を市場でチーズに交換することで，チーズサンドの消費量を自給自足の場合よりも増やすことができます（図の例では，約 8.88 個）。このとき，逆にチーズの生産に特化してしまうと，消費できるチーズサンドの量が自給自足の場合よりも少なくなってしまうことに注意しましょう。

　一方で，市場においてパン 1 個当たり，チーズ 1.5 よりも少ないチーズしか入手できない場合（図の右）は，チーズの生産に特化して，それらの一部を市場でパンに交換することで，自給自足の場合より多くのチーズサンドを消費することができる（図の例では約 13.33 個）。この場合に，チーズではなくパンの生産に特化してしまうと，自給自足の場合よりも消費できるチーズサンドの量が減ることを確認しましょう。

　では，B タイプについて考えてみよう。B タイプのパン 1 個を生産することの機会費用は，チーズ 2/3 個でした。よって A タイプの生産と消費を考察した場合と同様に，B タイプの生産は，市場においてパン 1 個当たりに入手できるチーズの数が，機会費用である 2/3 個よりも多いのか少ないのかで，パンの生産に特化するか，チーズの生産に特化するかが決まります。

　図 8.3 の下段では，例として市場での交換レートがパン 1 個当たりチーズ 2 個だった場合（左）と，交換レートがパン 1 個当たりチーズ 0.5 個だった場合（右）の B タイプの生産と消費を示しています。

　図の左に示されている場合のように，市場においてパン 1 個につき，B タイプのパン 1 個を生産する機会費用であるチーズ 2/3 個よりも多くのチーズが交換を通じて入手できる場合には，B タイプはパンの生産に特化し，それらの一部を市場でチーズに交換することで，チーズサンドの消費量を自給自足の場合よりも増やすことができます（図の例では，約 6.66 個）。逆に，市場においてパ

表8.2　市場でのパンとチーズの交換比率とＡタイプ，
Ｂタイプのパンとチーズの生産

市場での交換レート	〜2/3 個	2/3 個	2/3 個〜1.5 個	1.5 個	1.5 個〜
Ａタイプの生産	チーズに特化	チーズに特化	チーズに特化	チーズとパン	パンに特化
Ｂタイプの生産	チーズに特化	チーズとパン	パンに特化	パンに特化	パンに特化

(注)　市場での交換レートは，パン1個当たり入手できるチーズの量。

ン1個当たり，チーズ2/3よりも少ないチーズしか入手できない場合（図の右）
は，チーズの生産に特化して，それらの一部を市場でパンに交換することで，
自給自足の場合より多くのチーズサンドを消費することができます（図の例で
は約4.44個）。Ａタイプで考察したのと同様，それぞれの場合に，逆の財の生
産に特化してしまうと，消費できるチーズサンドの量が自給自足の場合よりも
少なくなることを確認しておきましょう。

　以上で考察したＡタイプおよびＢタイプのパンとチーズの生産をまとめた
のが表8.2となります。

　すでに気づかれているかもしれませんが，すべての参加者がパンの生産に特
化していたり，逆にチーズの生産に特化したりしていると，市場でチーズとパ
ンの交換は起こりません。交換が円滑に行われるためには，十分な数の参加者
がチーズとパンを生産していて，かつ，交換に応じる必要があります。表8.2
から，それが可能なのは，市場においてパン1個当たりチーズが2/3個から
1.5個の間で交換されるとみんなが予測する場合であることが見てとれます。
この場合は，Ａタイプはチーズの生産に特化する一方，Ｂタイプはパンの生産
に特化します。そして，市場でそれぞれが自らが生産しなかった財を求めあう
ことが予測されます。

　表8.3は，Ａタイプ，Ｂタイプそれぞれがパン1個を生産することの機会
費用，そしてチーズ1個を生産することの機会費用をまとめています。表から
見てとれるように，チーズを生産する機会費用は，Ａタイプの方がＢタイプ
よりも低いです。このとき，ＡタイプはＢタイプに対して，チーズの生産で
比較優位を持つといいます。一方で，パンを生産する機会費用は，Ｂタイプの
方がＡタイプよりも低いので，ＢタイプはＡタイプに対して，パンの生産で
比較優位を持つといいます。このように，ある人がある財（この場合はチーズま

スキルタイプ	A	B
チーズ1個を生産することの機会費用	パン 2/3 個	パン 1.5 個
パン1個を生産することの機会費用	チーズ 1.5 個	チーズ 2/3 個

たはパン）の生産に比較優位を持つというのは，その財を生産する機会費用が，比較対象の相手よりも低いことを意味しています。

　一方で，チーズとパンの**生産性**をAタイプとBタイプで比較してみましょう。表 8.1 を見ると，チーズ1個を生産するのに，Aタイプは1時間，Bタイプは3時間かかります。より短時間で生産できる方が生産性は高いので，Aタイプの方がBタイプよりもチーズの生産性が高いことがわかります。次に，パン1個を生産するのに，Aタイプは 1.5 時間，Bタイプは2時間かかるので，パンの生産性に関してもAタイプの方が，Bタイプよりも高くなります。つまり，生産性に基づいた比較では，Aタイプの方が，Bタイプよりもパン，チーズ両方の生産においてより高い生産性を持つため，優位を持ちます。このように，生産性に基づいた比較で優位を持つことを**絶対優位**を持つといいます。

　今回の実験では，同じタイプの人同士のみでの取引が可能な場合は，市場参加者間に比較優位が存在せず，交易の利益も発生しない一方，すべての人が参加する市場で，自由な取引が可能になると，Aタイプ，Bタイプそれぞれが自らが比較優位を持つ財の生産に特化することが観察されました。また，その後の取引を通じて，パン1個に対する市場でのチーズの交換レートが，Bタイプとアタイプそれぞれがパン1個を生産する機会費用の間（2/3〜1.5）に収束すること，そして，取引の結果，チーズサンドの消費量がAタイプ，Bタイプともに取引がない場合よりも増えることが観察されました。ここで注目してほしいのは，パンとチーズの生産は，どちらに対してもより高い生産性（絶対優位）を持つAタイプが担っているのではなく，Aタイプ，Bタイプ，それぞれが自らが持つ比較優位に基づいた分業となっていることです。

　では，実験では実際にこのような状況は達成されたのか見ていきましょう。

３ 実験結果を確かめる

┃ 実験 8.1 の結果：自給自足 ┃

　図の灰色の丸は参加者が選択したチーズとパンの組み合わせを示しています。丸の大きさは，その点の中心にある組み合わせを選んだ参加者の数に応じて大きくなっています。図 8.4 から大部分の参加者は自給自足状態で自らの利得を最大にするようなパンとチーズの組み合わせを選んでいることがわかります。

┃ 実験 8.2 の結果：同じタイプの参加者のみと取引ができる場合 ┃

　実験 8.2 では，A タイプは他の A タイプと，B タイプは他の B タイプの参加者とのみ取引ができる状態を考えました。A タイプのみが参加する市場で，パンとチーズの交換が起こるのは，たとえば，一部の A タイプの人がパン 1 個当たりの交換レートがチーズ 1.5 個よりも少ないと考え，チーズの生産に特化し，別の A タイプの人が逆にパン 1 個当たりの交換レートがチーズ 1.5 個よりも多いと考えて，パンの生産に特化する場合です。同様に B タイプのみが

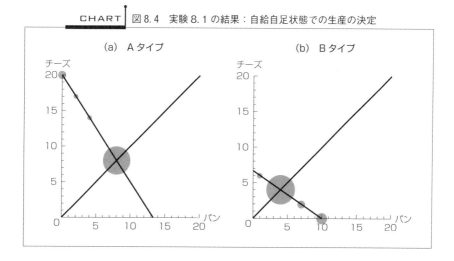

CHART ┃ 図 8.4　実験 8.1 の結果：自給自足状態での生産の決定

参加する市場でパンとチーズの交換が起こるのは、たとえば、一部のBタイプの人がパン1個当たりの交換レートがチーズ2/3個よりも少ないと考え、チーズの生産に特化し、別のBタイプの人が逆にパン1個当たりの交換レートがチーズ2/3個よりも多いと考えて、パンの生産に特化する場合です。このように各参加者の市場での交換レートの予測の違いによって、各タイプが参加する市場でのパンとチーズの需給が決まり、取引を通じて交換レートが決まっていきます。

実験は、生産そして取引という一連の流れを3回繰り返しています。参加者のうち約3分の1がAタイプで、残りの約3分の2がBタイプの役割を与えられています。図8.5は、実験8.2のそれぞれの回で観察されたAタイプ、Bタイプそれぞれのチーズとパンの生産量の組み合わせと、各タイプが参加する市場での交換レートの動きを示しています。図8.4と同様、丸の大きさは、その点の中心にある組み合わせを選んだ参加者の数に応じて大きくなっています。図8.6は、タイプ別に、最終的なチーズサンドの消費量の割合を示しています。

1回目の実験では、図8.4で示されている自給自足の場合と比較して、チーズの生産に特化したタイプAの参加者や、パンの生産に特化したタイプBの参加者が多いことが見てとれます。チーズとパンの交換レートを見ると、Aタイプの交換レートは、パン1個に対してチーズが3個や4個で取引されていることもある一方、Bタイプの交換レートは、パン1個に対してチーズが1個から2個での取引が多く観察されています。Aタイプの生産の組み合わせを見ると、パンよりもチーズの供給が大幅に多くなっており、チーズの生産に特化したAタイプの参加者がパンを入手するのに苦労していることが、交換レートにも現れているといえます。図8.6でチーズサンドの消費量を見ると、Aタイプの大部分の参加者が、消費量が自給自足で達成可能な8個よりも少ない数のチーズサンドしか消費できていません。Bタイプの参加者の中には、自給自足で達成可能な4個よりも多いチーズサンドを消費している人もわずかにいますが、こちらも、大部分の参加者が自給自足の場合よりも少ない数のチーズサンドの消費しかできていません。

同じ実験を2回目、3回目と繰り返すと、Aタイプの参加者の中には、1回

図8.5　実験8.2の結果：取引が同じタイプで可能な場合の生産の決定と取引価格の動き

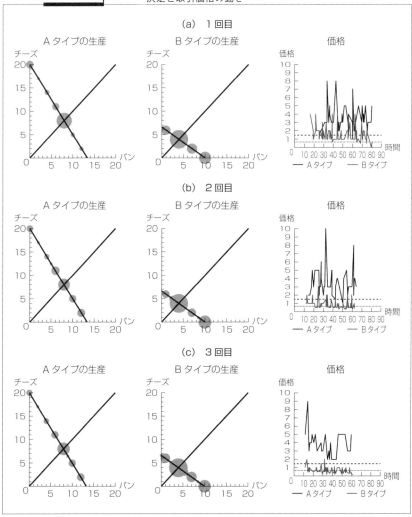

目と比べるとパンの生産を増やす人が出てきていることが見てとれます。これは，1回目の市場でのパンとチーズの交換レートが，パンを1個生産する機会費用であるチーズ1.5個よりも大幅に高かったことを受けての変化だと考えられます。その結果，自給自足のときよりも多くのチーズサンドの消費をしている参加者もいました。Bタイプの参加者の生産の組み合わせに大きな変化は見てとれませんが，Bタイプの市場での交換レートは，Bタイプにとってのパン

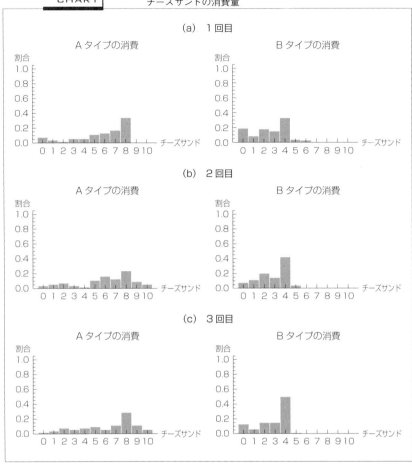

図 8.6　実験 8.2 の結果：取引が同じタイプで可能な場合の
チーズサンドの消費量

(a)　1 回目

A タイプの消費

割合

B タイプの消費

割合

(b)　2 回目

A タイプの消費

割合

B タイプの消費

割合

(c)　3 回目

A タイプの消費

割合

B タイプの消費

割合

1 個を生産する機会費用であるチーズ 2/3 個に近づいていることが見てとれま
す。その結果，自給自足の場合よりも多くのチーズサンドを消費できた参加者
の割合も減っています。理論的な分析では，同じタイプ同士でしか取引できな
い場合は，生産の特化と交易を通じた利益は発生しないことを見ましたが，実験
でも同様のことが観察されたといえます。

実験 8.3 の結果：すべての参加者と取引ができる場合

では，すべての参加者の間で取引が可能だった場合の結果を見てみましょう。

実験は，実験8.2同様，参加者のうち約3分の1がAタイプで残りの約3分の2がBタイプの役割を与えられており，生産そして取引という一連の流れを3回繰り返しています。図8.7に取引が可能であった場合に選ばれたパンとチーズの生産の組み合わせの分布とその後の取引時間中に観察された価格（パン1個当たりのチーズの数）の動きを，それぞれの回で示しています。Aタイプ，Bタイプそれぞれの生産を示す（左と中央）グラフには，それぞれの生産可能性フロンティアを示し，丸の大きさは，中心の生産の組み合わせを選んだ参加者の数に応じて大きくなるように表示されています。図8.8は，1回から3回までのAタイプとBタイプのチーズサンドの消費を示します。

図8.7を見てみましょう。1回目では，実験8.1や実験8.2と比較すると，チーズの生産に特化するAタイプの参加者とパンの生産に特化するBタイプの参加者がより多く観察されています。一方で，取引が可能となってもパンとチーズの両方の生産を続けている参加者，とくに自給自足の状況と同じ生産の組み合わせを選んでいる参加者も少なからずいることも観察できます。次に価格の動きを見てみると，時折，パン1個当たり，チーズ2/3〜1.5個の範囲から大きく乖離した価格で取引されていることもありますが，多くの取引がこの範囲内で成立していることが見てとれます。その結果，図8.8を見てみると，両方のタイプの参加者の中に，それぞれが自給自足で消費できるチーズサンドの数よりも多くのチーズサンドを消費した人が2割程度います。一方で，半数近い参加者が，自給自足で消費できるチーズサンドよりも少ない数のチーズサンドしか消費できなかったこともわかります。Bタイプの参加者の中には，最終的なチーズサンドの消費量が0という人もいます。つまり，比較優位のある財に特化しても，必ずしも理論分析が予想したように取引を通じて自給自足の場合よりも多くのチーズサンドが消費できたわけではなかったことがわかります。

この結果，実験を2回目，3回目と繰り返しても，理論分析で見たような，比較優位に基づいた生産の特化は進みませんでした。その結果，自給自足の場合よりも多くのチーズサンドを消費できた参加者の割合も増えませんでした。理論的には，市場を通じた自由な取引を通じて価格が決まり，市場で観察される価格と自らの機会費用との比較に基づいて，個々人は自らが担う生産活動を

図 8.7　実験 8.3 の結果：全員での取引が可能な場合の
生産の決定と取引価格の動き

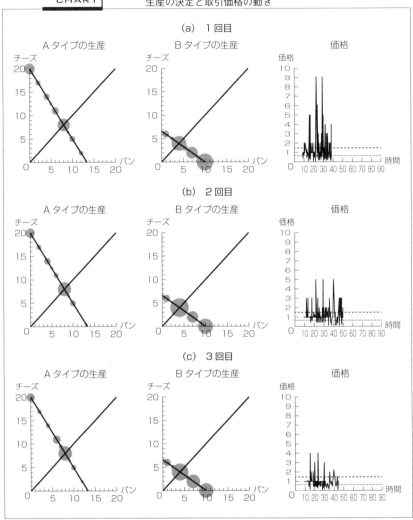

選択します。そうして生み出されたものが，市場を通じて取引されることで，
それぞれの参加者が取引がない場合よりも高い利得を得ることができるように
なることが期待されます。この際に，取引される財の生産にかかる機会費用が
市場参加者の中で異なることが重要であり，まさに，交易の利益とは，みんな
が違うからこそ発生する利益なのであり，「みんな違ってみんないい」（金子み

図8.8 実験8.3の結果：全員での取引が可能な場合の
チーズサンドの消費量

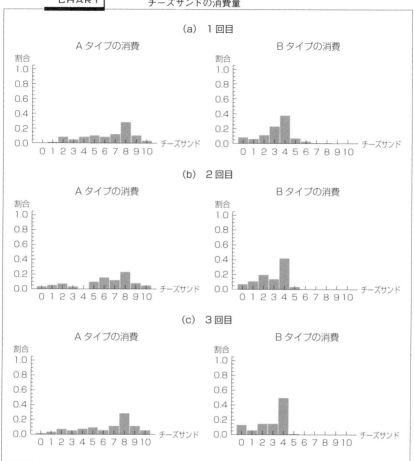

(a) 1回目

Aタイプの消費

Bタイプの消費

(b) 2回目

Aタイプの消費

Bタイプの消費

(c) 3回目

Aタイプの消費

Bタイプの消費

すゞ）世界となります。ただ，今回の実験結果が示すように，そのためには，多くの人が，実際に生産を特化し取引に参加することも重要なのです。多くの人が自給自足の場合と同じ生産の組み合わせを選ぶと，その分だけ，生産を特化させた人が取引相手を見つけることが困難になり，交易の利益を得られなくなる可能性もあるのです。

□ **1** 機会費用：ある行為の機会費用とは，その行為をするために諦めなければならなかったものの（最大の）価値として定義される。

□ **2** 比較優位：ある人がある財を生産する機会費用が，比較対象の相手よりも低いとき，その人は，その財の生産に比較優位を持つという。

□ **3** 絶対優位：ある人のある財の生産性が，比較対象の相手よりも高いとき，その人は，その財の生産に絶対優位を持つという。

□ **4** 交易から生じる利益は，取引される財の生産にかかる機会費用が市場参加者の中で異なるからこそ生じる。

EXERCISE ● 練習問題

① 今，A国とB国という2つの国があるとします。両国は人口規模がほぼ同じで，それぞれの国に存在する総労働可能時間は同じだと仮定しましょう（仮に1週間当たり9億時間だとしましょう）。また，両国の国民は，ともにチーズ1単位とバン1単位を組み合わせたチーズサンドをなるべくたくさん消費したいと望んでいるとします。次の表を使って，以下の問いに答えてください。

1単位の製品を生産するのに必要な労働時間

	チーズ	バン
A国	2	1
B国	8	2

(a) A国でチーズ1単位を生産する機会費用はいくつですか？

(b) B国でバン1単位を生産する機会費用はいくつですか？

(c) A国は，どの財の生産に絶対優位を持っていますか？ B国はどうですか？

(d) A国は，どの財の生産に比較優位を持っていますか？ B国はどうですか？

(e) もしA国とB国が比較優位の原則に基づいて交易を行ったとしたら，A国はどの財を輸出して，どの財を輸入しますか？

② （プログラミング練習問題） 前章までに［chusen］に追加した「あなたは抽選に参加しますか？」という質問に対して「参加する」と答えた人を格納するリスト（希望者リスト）を作り，下記の分岐になることを確認しましょう。

(a) 2人とも「希望しない」のときの結果→2人ともはずれ画面（Hazure. html）になる。

（b）　2人とも「希望する」のときの結果→どちらか1人が当たり（Atari.html），どちらか1人がはずれ画面（Hazure.html）になる。

（c）　1人が「希望する」，1人が「希望しない」→希望した方が当たり（Atari.html），希望しない方が外れ画面（Hazure.html）になる。

3　（プログラミング練習問題）　本章のいずれかのグラフを表示させられるようにプログラムを書き換えてみましょう。

第**9**章

マーケット・デザイン

イントロダクション

　第1章で述べたように，経済学は世の中の希少な資源をどのように配分するかを考える学問です。第4章と第8章では，市場での価格を介した売り手と買い手の自由な取引を通じて，労働時間の配分も含めて，効率的な資源配分を達成できうることを見ました。また，第5章から第7章で，外部性，不完全競争，情報の非対称性の問題など，市場取引が効率的な資源配分を達成できず，市場が失敗する場合も考えてきました。一方で，第1章で資源配分の例としてあげた学校や保育園の入学枠（誰をどの学校や保育園に入学・入園させるのか）のように，通常，市場で価格を介した取引を通じて配分が行われていないものに関してはまだ扱ってきませんでした。本章では，どのような方法で価格を決定するかという制度が与える影響や，価格を介さない資源配分に関して考察していきましょう。

　世の中には，お金では買えない，価格を通じて取引されないモノがあります。最初に，みなさんにとって身近な例である学校への入学に関して考えてみまし

ょう。日本では，誰が，公立のどの小・中学校に入学できるのかは，生徒の住所に応じて決まっている自治体が多いです。一方で，私立の学校への入学や，公立でも高校や大学への入学は，入試での成績に基づいて決まります。さて，みなさんは，中学から高校へ，または，高校から大学へ進学する際，どのようにして受験する高校や大学を選びましたか？　おそらく，みなさんの受験校選びは，入試の制度次第（たとえば，公立高校受験だと，第1志望しか希望を出せないのか，第2志望，第3志望まで希望を出せるのかどうかなど）で大きく変わった可能性があるのではないでしょうか？　みなさんの受験校選びが変わると，結果として，誰がどの学校に進学するのかも変わるでしょう。

　このように価格を介さない方法を通じて資源を配分する際には，その制度（ルール）がどのように設計されているのかによって，人々の行動が影響を受け，結果として実現する配分も異なりうることは容易に想像できるのではないでしょうか？　以下で見るように，制度の違いが人々の行動と資源配分の結果に影響を与えうるのは，価格を介する資源配分でも同じです。どのような制度が望ましいのか，設計された制度のもとでは，人々はどのように行動するのかを考察するのが，**市場設計（マーケット・デザイン）**と呼ばれる経済学の一分野です。マーケット・デザインは，とくに取引のための場（市場）やその制度（ルール）をデザインし，実際の市場への応用も考えます。

　本章では，制度（ルール）の行動への影響に関して，まずは，価格を通じた資源配分制度である**競売（オークション）**を例として考察したあと，価格を介さない資源配分制度である**マッチング**を例として考察していきます。

1　オークション

　第4章では，買い手も売り手も価格を提示するダブル・オークションという市場取引の方法について学びました。一方で，オークションというと，1人の売り手が商品を提示して，複数の買い手が価格を提示していく魚の競りや美術品の競売を思い浮かべる人が多いと思います。これは**シングル・オークション**と呼ばれる方法です。

DX（デジタル・トランスフォーメーション）という言葉も日常生活で多く見かけるようになりました。デジタルという言葉がついているために，いわゆる「理系」の人が扱う研究分野と思われるかもしれませんが，栗野（2021）は，デジタル・トランスフォーメーションを達成するためには，次の3つが必要と述べています。①参加者の希望などの情報を収集すること，②参加者が満足するような結果を得ること，③その結果を参加者に伝達して実行していくこと，です。この①と③は，技術の実装・活用と考えることができますが，②はルール・制度のデザインが必要となり，経済学の活用先として考えることができます。

オークションの歴史はとても古く，古代ローマでは「皇帝の座」が競売にかけられたこともあったといわれています（ハーリンジャー，2020）。最近では，インターネットを通してオークションが身近になりました。みなさん自身も，インターネット上のオークションに参加された経験があるかもしれません。また，みなさんが気がつかないところでオークションが使われていることもあります。たとえば，インターネットで表示される広告もそうです。広告による収入はSNSや検索サービスを売る企業の大きな収入源となっています。オークションで売られるものは広告位置，売り手はGoogleなどのサイト運営者，買い手はその位置に広告を出したい企業です。また，行政機関によるオークションもあります。たとえば，KSI官公庁オークション（2023年6月時点URL：https://kankocho.jp）では，自動車や不動産など行政機関が所有する財産がオークションにかけられます。売られるものは行政機関所有の財産，売り手は行政機関，買い手はそれらが欲しい人たちです。

オークションを実施する際には，どのようなルールで実施するのかを決める必要があります。たとえば，低い価格から高い価格へと競り上げていき，最後まで残った買い手が落札者になるのか（イングリッシュ・オークション），それとも，高い価格から徐々に価格を下げていき，最初に購入を表明した人が落札者になるのか（ダッチ・オークション）といったルールであったり，最低落札価格が設定されるのかどうかといったこともあります。また，入札が公開型なのか

封印型なのかも決めなければなりません。以下，封印型のオークションで，落札者が支払う価格の決まり方の違いで，どのように参加者の行動が影響を受けうるのかを実験を通じて見てみましょう。

実験で考える：オークションのルール

実験 9.1：オークション

　あなたはほしい商品があるのでその商品を落札するためにオークションに参加しています。オークションには，あなたを含めた 3 人の参加者がいます。その商品に対するあなたの評価値は画面に提示されるので，それを参考に入札額を決定してください。3 人の評価値はそれぞれ 0 から 100 の間ですが，他の人の評価値はわかりません。また，入札額を決定している間，他の人の入札額もわかりません。全員の入札が終わると，3 人の入札額をもとに，落札者が決まり，出品されている財を得ます。落札した場合の利得は（評価値－支払額）です。落札できなかった場合の利得は 0 です。

　※2 人以上が同額で一番高い入札をした場合は，ランダムにコンピューターが落札者を決定します。

・制度 1：落札者は一番高い価格を入札した人です。落札者は自分の入札額を支払

います。

評価値が【61】であったとします。入札額を決めてください。

評価値が【37】であったとします。入札額を決めてください。

- 制度2：落札者は一番高い価格を入札した人です。ただし，落札者は2番目に高い入札額を支払います。

評価値が【61】であったとします。入札額を決めてください。

評価値が【37】であったとします。入札額を決めてください。

制度1は，一番高い入札をした人がその人自身の入札額を支払うので**第一価格オークション**（ファーストプライス・オークション）と呼ばれます。制度2は，一番高い入札をした人が2番目に高い入札額を支払うので**第二価格オークション**（セカンドプライス・オークション）と呼ばれます。

▌理論で考える：入札戦略 ▐

ここでも，経済理論が通常仮定する人間の意思決定プロセスに基づいて，どのような入札をすれば自分の利得が最大になるかを考えてみましょう。第1章で見たように，戦略とは行動の選択肢です。オークションでの戦略は，いくら入札するかが該当します。そして，相手の1つの戦略に対して，自分にとって一番利得が高くなる戦略を相手のその戦略に対する最適反応と呼んだことを思い出してください。そして，相手がどのような選択をしたとしても，自分の利得を最大にすることができる戦略を支配戦略と呼びました。（弱）支配戦略は第2章の調整ゲームと同じように，他の人がある戦略を選んだ場合に利得が変わらない戦略が存在していることを指します。

あなたのとることのできる戦略は大きく分けて，①評価値より高く入札する，②評価値より低く入札する，③評価値と同じ値を入札するの3つの種類に分類されます。①を過剰入札（オーバービッド），②を過少入札（アンダービッド），③を正直入札（シンシアビッド）とも呼びます。相手の入札額は，1，70，90，などあらゆる戦略を考えることができますが，本章で実施した実験の第一価格・第二価格オークションルールの場合は，相手の中で一番高い入札額だけわかっていれば利得を計算することができるので，その自分以外の入札額で一番高い入札額をSとおきましょう。第1章で見たように，相手の入札額を固定

して自分がどのように行動したらよいか，最適反応を考えていきましょう。

《第二価格オークションでの入札行動》　　結論からいうと，第二価格オークションでは，自分の評価値をそのまま入札することが（弱）支配戦略となります。つまり，評価値をそのまま入札する，正直入札をとれば，第二価格オークションのルールで自分の利得を最大にすることができます。

　まず，第二価格オークションのルールでの利得について，もう一度整理しましょう。落札者は一番高い価格を入札した人です。ただし，落札者は2番目に高い入札額を支払います。あなたが落札した場合の利得は（評価値−支払額）で，落札できなかった場合の利得は0です。オークションでは，各参加者の入札額で落札者を決定しますが，利得は評価値が関係するところに改めて注意をしてください。

　それでは，相手の入札額を固定（自分以外の入札額で一番高い入札額をSとする）して，正直入札が（弱）支配戦略となるか考えていきましょう。まず，次の1と2の各ケースにおいて，利得がどうなるかをまとめてみます。

1. あなたが自身の評価値より高く入札する過剰入札戦略をとる場合

　このケースでのあなたの利得は，次の3パターンが考えられます。

　a：評価値＜入札額＜S：一番高い入札をした人が落札者となるため，このときあなたは落札できません。利得は0です。

　b：S＜評価値＜入札額：一番高い入札をした人が落札者となるため，このときあなたが落札者で支払額がSとなります。利得は（評価値−S）で，評価値がSよりも高いため，利得はプラスになります。

　c：評価値＜S＜入札額：一番高い入札をした人が落札者となるため，このときあなたが落札者で支払額がSとなります。利得は（評価値−S）ですが，評価値よりもSの方が高いために利得はマイナスになります。

2. あなたが自身の評価値より低く入札する過少入札戦略をとる場合

　このケースでのあなたの利得は，次の3パターンが考えられます。

　d：入札額＜評価値＜S：一番高い入札をした人が落札者となるため，このときあなたは落札できません。利得は0です。

　e：S＜入札額＜評価値：一番高い入札をした人が落札者となるため，この

ときあなたが落札者で支払額がSとなります。利得は（評価値$-S$）で，利得はプラスになります。

f：入札額$<S<$評価値：一番高い入札をした人が落札者となるため，このときあなたは落札できません。利得は0です。

次に，各ケースで自分の入札を評価値通り入札する（正直入札）に変更したときに利得がどうなるかを考えます。

a, d 落札できておらず，利得0の状況です。入札額を評価値と同じにしても利得0で変わらないので正直入札に変更する動機を持ちます。

b, e 落札できており，利得はプラスの状況です。入札額を評価値と同じにしても利得は変わらないので，正直入札に変更する動機を持ちます。

c 落札できていますが，利得がマイナスの状況です。入札額を評価値と同じにすると，落札はできませんが利得を0にでき，こちらの方がマイナスよりもいいので，正直入札に変更する動機を持ちます。

f 落札できておらず，利得0の状況です。Sより評価値が高いので，入札額を評価値と同じにして高くすると落札することができ，さらにプラスの利益を得ることができるようになり，正直入札に変更する動機を持ちます。

以上より，相手がどのような戦略を出してこようと，評価値通りに入札する正直入札をしていれば利得を0以上にすることができ，（弱）支配戦略であることが確認できます。

《第一価格オークションでの入札行動》　次に，第一価格オークションについて考えます。まず，第一価格オークションのルールでの利得についてもう一度整理しましょう。落札者は一番高い価格を入札した人です。入札者は自分の入札額を支払います。あなたが落札した場合の利得は（評価値$-$支払額）で，落札できなかった場合の利得は0です。利得は評価値が関わり第二価格オークションと変わりませんが，落札者となった場合にはあなたの入札額がそのまま支払額となるところが違います。

したがって，第二価格オークションでの（弱）支配戦略であった，あなたが自身の評価値と同じで入札する正直入札を選択しても，あなたが落札すると必

ず利得は 0 になります。また，過剰入札戦略を選択すると，あなたが落札すると評価値よりも高い価格で入札しているので必ずマイナスの利得となります。ですので，プラスの利得を得る可能性がある過少入札戦略をとろうとするでしょう。そこでどの程度，評価額よりも低い価格を入札するのかが焦点となります。ただ，この分析は評価値の確率分布の形状などの仮定により本書が扱う理論分析の水準を超えますので，巻末にある推薦図書や論文などをご覧ください。

実験結果を確かめる

　2 つの制度のもとで，オークションを 3 回ずつ実施しました。同じ参加者で毎回ランダムに評価値が与えられます。図 9.1 は，縦軸に入札額，横軸に評価額を示し，図の中の点は，1 人の参加者の評価額と入札額の組み合わせを {評価額，入札額} として示しています。グラフ上の原点 (0, 0) と (100, 100) の 2 点を結ぶ 45 度線上の点は，評価額と入札額が同額であったことを示しており，45 度線より上の点は評価額より高い価格を入札しており，45 度線より下の点は評価額より低い価格入札していることを表しています。

　第二価格オークションは，評価額をそのまま入札することが支配戦略であることを見ましたが，実験では，そのように正直に入札している割合は 20% 程度です。それでも，第二価格オークションでは，正直に入札している人の割合が，第一価格オークションよりも高いことが見てとれます。さらに，第二価格オークションでは，評価額未満の入札をしている参加者に加えて，評価額よりも高い額を入札している参加者も多く観察される一方，第一価格オークションでは，後者よりも前者の方が多く観察されています。

意思決定理由：オークション
- 第一価格
  ・自分の評価額より少なめの額で入札した。
  ・自分が損をしないように考えながらできるだけ高く入札した。
- 第二価格
  ・評価額を少し超えるくらいに設定した。
  ・自分の評価値より 10〜20 ほど大きい値を入力した。

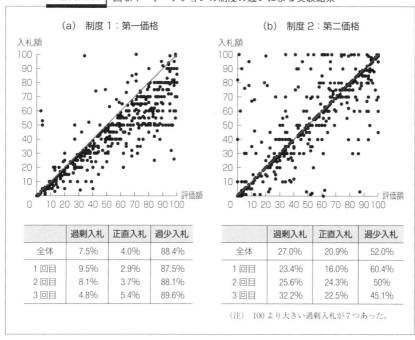

(a) 制度1：第一価格

入札額

(b) 制度2：第二価格

入札額

評価額

評価額

	過剰入札	正直入札	過少入札
全体	7.5%	4.0%	88.4%
1回目	9.5%	2.9%	87.5%
2回目	8.1%	3.7%	88.1%
3回目	4.8%	5.4%	89.6%

	過剰入札	正直入札	過少入札
全体	27.0%	20.9%	52.0%
1回目	23.4%	16.0%	60.4%
2回目	25.6%	24.3%	50%
3回目	32.2%	22.5%	45.1%

(注)　100 より大きい過剰入札が7つあった。

② マッチング

　次に，価格を介さずに，資源を配分する制度であるマッチングを見ていきましょう。マッチングとは，生徒と学校，研修医と病院といったように，誰かと誰かあるいは何かを組み合わせる（マッチさせる）方法です。みなさんにとって，身近な例には，大学におけるゼミ・研究室への配属もあるでしょう。ゼミに入りたい学生の誰を，どのゼミに配属するかを決定するわけです。そのほかにも，ドナーから提供された臓器を，どの患者に移植するのかという臓器移植におけるマッチングも研究されています。

┃ 実験で考える：マッチングのルール

　今回の実験では，学生とゼミの配属問題を考えます。学生は，応募するゼミ

の順番を決め，ゼミの方では，それぞれのゼミによる独自の学生の評価に基づいて，受け入れを決定するとします。実験では，IA（Immediate Acceptance；即時受入）メカニズム（Abdulkadiroğlu and Sönmez, 2003）と DA（Deferred Acceptance；受入保留）メカニズム（Gale and Shapley, 1962）という 2 つのルールを考察します。IA メカニズムは使われていた地域の 1 つからボストン・メカニズムとも呼ばれています。これらのメカニズムについての詳細はハーリンジャー（2020）を参考にしてください。

《IA メカニズム》　　IA メカニズムは，次のようにいくつかのステップに沿って，ゼミへの配属が決まります。

　ステップ 1：学生は自分の好きなゼミに応募する。各ゼミは定員の範囲内で，受け入れ希望順位の高い学生を受け入れる。

　ステップ 2〜：前のステップで受け入れられなかった（拒否された）学生は，まだ応募しておらず，定員のあいているゼミの中で最も好きなゼミに応募する。各ゼミは，受け入れ希望順位の高い学生を定員の範囲内で受け入れる。どの生徒も拒否されなくなったら，終了する。

　簡単な例として，ゼミ A，ゼミ B，ゼミ C の 3 つのゼミと，学生 1，学生 2，学生 3 の 3 人の学生がいる場合を考えましょう。各ゼミの定員はすべて 1 人です。**表 9.1** に学生とゼミのそれぞれの好みをまとめています。たとえば，学生 1 の第 1 希望はゼミ A，第 2 希望はゼミ C，第 3 希望はゼミ B，一方で，ゼミ A が評価に基づいて受け入れたい学生は，第 1 希望は学生 2，第 2 希望は学生 1，第 3 希望は学生 3 ということを表しています。

　3 人の学生は，それぞれ 3 つのゼミへ順番に応募していくわけですが，ここでは，すべての学生が自分の好みの順に，ゼミに応募していくものとします。

　ステップ 1 では，学生 1 と学生 3 はゼミ A に，学生 2 はゼミ B に応募します。定員が 1 名なので，学生 1 と学生 3 の 2 人から応募のあったゼミ A では，より受け入れ希望順位の高い学生 1 を受け入れます。ゼミ A に受け入れてもらえなかった学生 3 は，ステップ 2 にまわります。ゼミ B は定員 1 に対して学生 2 の 1 人しか応募がないので，学生 2 を受け入れ，ステップ 1 を終了します。学生 3 の第 2 希望はゼミ B ですが，ゼミ B は学生 2 がすでに割り当てら

表 9.1　学生のゼミの好みと，ゼミの学生の好み

| (a)　学生のゼミの好み | | | | (b)　ゼミの学生の好み | | | |
	学生 1	学生 2	学生 3		ゼミ A	ゼミ B	ゼミ C
第 1	A	B	A	第 1	2	3	3
第 2	C	A	B	第 2	1	1	1
第 3	B	C	C	第 3	3	2	2

表 9.2　IA メカニズムによる割当

	ゼミ A	ゼミ B	ゼミ C
ステップ 1	1, 3	2	
ステップ 2	1	2	3

（注）　それぞれのステップで各ゼミに応募している
学生。ゼミに受け入れられた学生は下線で示す。

れているので，ステップ 2 で応募することができません。よって学生 3 は第 3
希望であるゼミ C に応募して受け入れられることで，マッチングの結果が決
定します。表 9.2 で，それぞれのステップを確認してください。それでは，実
験を行います。

実験 9.2：IA メカニズム

　6 人 1 組で実施します。みなさんは学生 1〜6 のうち，どれか 1 つの役割をにな
います。ここでは，自分の誕生日が 1 月または 2 月であれば学生 1，3 月または 4
月であれば学生 2，5 月または 6 月であれば学生 3，7 月または 8 月であれば学生
4，9 月または 10 月であれば学生 5，11 月または 12 月であれば学生 6 になるとし
ましょう。

　表 9.3 は，参加している学生のゼミへの配属希望順位とゼミ（部署）の学生の受
け入れ希望順位を表しています。たとえば，学生 1 はゼミ A が第 1 希望で，ゼミ A
は学生 1 を第 5 希望としています。学生 2 の第 4 希望はゼミ F で，ゼミ F は学生
2 を第 1 希望としています。

　これらの希望に基づいて，あなたの学生の役割における応募順位を決定してくださ
い。ゼミは希望順位のとおりに応募します。学生 6 名とゼミ 6 つの応募順位をもと
に，IA メカニズムに従って配属が決定されます。あなたが得られる利得は配属希望
順位に基づき，順位の低いゼミに配属されればされるほど減少します。

	(a)	学生 1〜6 の希望順位						(b)	ゼミ A〜F の希望順位				
	1	2	3	4	5	6		A	B	C	D	E	F
第1	A	B	F	A	B	F	第1	6	1	6	1	2	2
第2	E	C	A	B	F	D	第2	5	3	1	2	6	4
第3	C	D	B	F	A	E	第3	3	4	2	6	1	5
第4	B	F	C	D	E	A	第4	2	6	3	4	5	1
第5	F	A	E	C	D	C	第5	1	2	5	3	4	6
第6	D	E	D	E	C	B	第6	4	5	4	5	3	3

- あなたの役割は学生 1〜6 のどれですか？
- 上記表の希望順位をもとに，あなたの学生の役割での第 1〜第 6 まで応募順位を（重複がないように）決めてください。
- なぜ，そのような意思決定をしたか教えてください。

《DA メカニズム》　DA メカニズムは，次のようにいくつかのステップに沿って，ゼミへの配属が決まります。

　ステップ 1：学生は自分の好きなゼミに応募する。各ゼミは定員の範囲内で，受け入れ希望順位の高い学生を「一時的に」受け入れる。

　ステップ 2〜：前のステップで受け入れられなかった（拒否された）学生は，次に好きなゼミに応募する。各ゼミは，前のステップで「一時的に」受け入れていた学生と今回応募してきた学生を比べ，受け入れ希望順位の高い学生を「一時的に」受け入れる。残りは拒否する。どの学生も拒否されなくなったら，終了する。

　表 9.1 で示した例を用いて，DA メカニズムがどのように学生をゼミに配属させるのかを見てみましょう。IA メカニズムの例と同様，すべての学生が自分の好みの順に，ゼミに応募していくものとします。

　ステップ 1 では，学生 1 と学生 3 はゼミ A に，学生 2 はゼミ B に応募します。定員が 1 名なので，学生 1 と学生 3 の 2 人から応募のあったゼミ A では，より受け入れ希望順位の高い学生 1 を「一時的に」受け入れます。ゼミ A に受け入れてもらえなかった学生 3 は，ステップ 2 にまわります。ゼミ B は定員 1 に対して学生 2 の 1 人しか応募がないので，学生 2 を「一時的に」受け入

	ゼミ A	ゼミ B	ゼミ C
ステップ 1	<u>1</u>, 3	<u>2</u>	
ステップ 2	<u>1</u>	2, <u>3</u>	
ステップ 3	1, <u>2</u>	<u>3</u>	
ステップ 4	<u>2</u>	<u>3</u>	<u>1</u>

（注）　それぞれのステップで各ゼミに応募している学生。ゼ
　　　　ミに「一時的に」受け入れられた学生は下線で示す。

れ，ステップ 1 を終了します。

　ステップ 2 で，学生 3 は，第 2 希望のゼミ B に応募します。ゼミ B はステップ 1 で「一時的に」受け入れていた学生 2 と今回応募してきた学生 3 を比べて，学生 3 を「一時的に」受け入れることにします。その結果，学生 2 はステップ 3 に回ります。学生 1 はゼミ A に「一時的に」受け入れられているままです。

　ステップ 3 で，学生 2 は，第 2 希望のゼミ A に応募します。ゼミ A はこれまで「一時的に」受け入れていた学生 1 と今回応募してきた学生 2 を比べて，学生 2 を「一時的に」受け入れます。その結果，学生 1 は，ステップ 4 にまわります。ステップ 4 で，学生 1 は，第 2 希望のゼミ C に応募します。ゼミ C には，すでに「一時的に」受け入れられている学生はいないので，学生 1 を「一時的に」受け入れます。その結果，すべての学生がゼミに配属されたので，マッチングの結果が決定します。**表 9.4** で，それぞれのステップを確認してください。それでは，実験を行います。

実験 9.3: DA メカニズム

　6 人 1 組で実施します。みなさんは学生 1〜6 のうち，どれか 1 つの役割をにないます。ここでは，自分の誕生日が 1 月または 2 月であれば学生 1，3 月または 4 月であれば学生 2，5 月または 6 月であれば学生 3，7 月または 8 月であれば学生 4，9 月または 10 月であれば学生 5，11 月または 12 月であれば学生 6 になるとしましょう。

　表 9.5 は，参加している学生のゼミへの配属希望順位とゼミ（部署）の学生の受け入れ希望順位を表しています。たとえば，学生 1 はゼミ A が第 1 希望で，ゼミ A

表 9.5　実験 9.3 の学生・ゼミの希望順位

	(a)　学生 1〜6 の希望順位							(b)　ゼミ A〜F の希望順位					
	1	2	3	4	5	6		A	B	C	D	E	F
第1	A	B	F	A	B	F	第1	6	1	6	1	2	2
第2	E	C	A	B	F	D	第2	5	3	1	2	6	4
第3	C	D	B	F	A	E	第3	3	4	2	6	1	5
第4	B	F	C	D	E	A	第4	2	6	3	4	5	1
第5	F	A	E	C	D	C	第5	1	2	5	3	4	6
第6	D	E	D	E	C	B	第6	4	5	4	5	3	3

は学生 1 を第 5 希望としています。学生 2 の第 4 希望はゼミ F で，ゼミ F は学生 2 を第 1 希望としています。

　これらの希望に基づいて，あなたの学生の役割における応募順位を決定してください。ゼミは希望順位のとおりに応募します。学生 6 名とゼミ 6 つの応募順位をもとに，DA メカニズムに従って配属が決定されます。あなたが得られる利得は配属希望順位に基づき，順位の低いゼミに配属されればされるほど減少します。

- あなたの役割は学生 1〜6 のどれですか？
- 上記表の希望順位をもとに，あなたの学生の役割での第 1〜第 6 まで（重複がないように）応募順位を決めてください。
- なぜ，そのような意思決定をしたか教えてください。

理論で考える：よい制度とは？

　「よい」制度・ルールとは，どのような性質を持っているものをいうのでしょうか？　たとえばケーキを食べる人をじゃんけんで決める場合は楽しいからいいかと思うかもしれませんが，あなたの第 1 希望の会社に入社する人をじゃんけんで決める場合はどうでしょうか？　または，ネットオークションで同額の入札をした人とじゃんけんで獲得するかどうかを決める場合はどうでしょうか？　どのようなルールであれば参加者全員が納得するのでしょうか？　ある制度が，よい制度なのかどうか，ここでは耐戦略性，安定性という 2 つの視点から考えてみます。

　耐戦略性は，他の参加者がどのような報告をしているかにかかわらず，すべての参加者が正直に自分の好みを報告する動機を持つことを指します。つまり，

自分の希望順位を応募順位としてそのまま提出することが支配戦略となる場合です。

安定性は，自分が希望していない相手を割り当てられることがなく，かつ，今，マッチしている相手よりも，好ましい相手を探すことができないことを意味しています。たとえば，あなたがゼミ A を第 1 希望，ゼミ B を第 2 希望として申請していたとします。マッチングの結果，ゼミ C など，まったく希望していないところに勝手に割り当てられることがないときに，その結果は個人の範囲で安定的です（**個人合理性**と呼びます）。また，あなたがゼミ A を第 1 希望，ゼミ B を第 2 希望として申請した結果，第 2 希望であるゼミ B に割り当てられていたとしましょう。また，ゼミ A があなたを第 1 希望にしていたとすると，あなたとゼミ A は，このマッチング結果に不満を持つでしょう。このようにマッチングの結果に不満を持つペアを**ブロッキングペア**と呼びます。このようなペアが存在しないとき，そのマッチングの結果は安定的といいます。

IA メカニズムは，耐戦略性と安定性を満たさない一方，DA メカニズムは，耐戦略性と安定性を満たします。

まず，IA メカニズムが耐戦略性と安定性を満たさないことを，**表 9.1** と**表 9.2** で示した例から考えてみましょう。ステップ 1 で，学生 3 は，第 1 希望であるゼミ A が，学生 1 と重複し，さらに，ステップ 2 では，第 2 希望であるゼミ B がすでに学生 2 で埋まっていたので，第 3 希望であるゼミ C とマッチしました。しかし，ゼミ B はマッチしている学生 2 よりも学生 3 の方を希望しています。学生 3 もマッチしているゼミ C よりも，ゼミ B の方を希望しています。つまり，ゼミ B と学生 3 は，互いにこのマッチング結果に不満を持っているといえます。ですので，安定性は満たしません。この際，学生 3 はゼミ B を第 1 希望と本来の好みとは異なる応募順位を提出することでゼミ B とマッチすることができます。正直に好みを申告するよりも嘘をついた方がいいので，耐戦略性も満たされません。

他方，DA メカニズムではこのような嘘の申告は防げます。ポイントとなるのは，各ステップで受け入れが「一時的」である点です。**表 9.2** と**表 9.4** のステップ 2 の違いに着目しましょう。IA の場合，ステップ 1 でゼミ 2 へ応募した学生 2 がすでに枠を埋めているのに対し，DA のステップ 2 では，あくま

で学生2は一時的に受け入れられているだけなので，ゼミBは学生3と学生2と比べ，より好ましい学生3を採用します。全学生が正直に申告すれば，彼らは真の第2希望のゼミとマッチできました。IAとは異なり学生3が先のステップでゼミBに応募を急ぐ必要がなくなり，学生3は嘘の申告をしても正直申告よりもよいゼミに入ることはできません。学生1，2についても同様です。このように，DAは提案する側の耐戦略性を満たします。

　加えて，第1希望先ゼミであるゼミAとBは，すでに学生側の正直申告のもとで最も好ましい学生とマッチしているのでそもそも不満がありません。一般に，学生側が正直申告をしなくともDAメカニズムは申告された順位のもとで安定的なマッチングの結果を導きます。

　その理由を考えてみましょう。仮に安定なマッチングでないとすると，ブロッキングペアとなる学生sとゼミtのペアがあることになります。DAのステップでブロッキングペアが発生するならば学生sはゼミtに応募して断られている，もしくは，tに応募せずにステップが終了しているかのどちらかになります。前者であれば，ゼミtにとって，今マッチしている学生は学生sよりも望ましいはずなので，ブロッキングペアとはなりえません。後者であれば，学生sにとってはゼミtより高い希望の順位とマッチできているはずなので，こちらもブロッキングペアとなりません。つまり，学生sとゼミtがブロッキングペアであることと矛盾します。よってDAで安定なマッチングができることがわかります。

　より一般的な説明は，本書が扱う理論的分析の範囲を超えますので，上記で直観的に理解するとともに，割り当てのルールがいろいろあることを意識してみましょう。IAメカニズムとDAメカニズムの2つの代表的なメカニズムをとってもさまざまな理論的分析がなされて，よい指標や特性が研究されています。IAメカニズムとDAメカニズムの違いは，それぞれのステップで割り当てが「確定するのか」「一時的なのか」だけの違いですが，制度の持っている性質は大きく異なります。応用する先によってどのような性質を優先するかによって，使用するルールを変更する必要があります。

	IA	DA
正直申告率［全体］	4.4%	23.2%
正直申告率［第1希望のみ］	11.5%	26.4%
各グループの平均ブロッキングペア数	2.2	1.3

実験結果を確かめる

　マッチングの実験設定は，Shimada（2022）を参考にしています。IA メカニズムにはなく，DA メカニズムが持つ耐戦略性が実際に機能するかを確認するために，希望順位通りに応募順位を提出したかどうかを測る**正直申告率**を確認します。**表9.6** に実験の結果をまとめました。耐戦略性を満たす DA メカニズムの方が，IA メカニズムよりも正直申告率は高い一方，DA メカニズムでの正直申告率は 100%にはなっていません。意思決定の理由を見てみると他の人や相手からの評価にも影響をされていることがわかります。

意思決定理由：マッチング
- IA メカニズム
  ・企業の優先度の高いところに出した。
  ・自分の希望順位と企業の希望順位のギャップがなるべく小さくなるように応募をした。他の学生との希望順位の比較も少し考慮した。
- DA メカニズム
  ・全員が希望順位に従って提出した場合のシミュレーションを行った結果，悪くても，第2希望で収まると考えたため，変に作戦を練らず，希望順位をそのままいれた。
  ・第1希望に固執せず，自分の希望と企業の希望の両方を考慮して，入れそうな企業を選びました。

　オークションとマッチングの実験を通じて，制度（ルール）が，人々の行動，そして，最終的に誰が何を得るのかという資源配分へ与える影響を見てきました。マーケット・デザインは，経済学理論を応用して，取引のための場（市場）や制度（ルール）をデザインして，社会の問題を解決することを目的としている研究分野です。そのために，考案された制度が実際に用いられた場合に理論

予測通りに機能するのかを，実験やコンピューター・シミュレーションを通じて検証することも重要となります。とくに，その人が持つ評価値や希望順位は日常ではほとんどとることができないデータなので，実験環境であらかじめ設定を与えることにより，より明確に制度の持つ性質を浮かび上がらせることができます。

また，本章の実験で見たとおり，理論的に素晴らしい制度であってもその望ましい性質が達成されるとおりに人が行動するとは限りません。さまざまな行動バイアスが発見されたり，アドバイスを行うなどどうやったら理論的に望ましい性質に近づけるかという視点の研究も行われています。

市場設計というと，政府が行うような大きなイメージがあるかもしれませんが，もっと身近なところでも行われています。たとえば，早稲田大学の付属高校から早稲田大学への推薦入学者受け入れの際には，DA メカニズムが用いられていることが報告されています（佐々木, 2004）。また，DA メカニズムをベースとして定員調整を可能にしたメカニズムとしては，筑波大学で社会実装された進学選択のマッチングがあります（栗野, 2024）。マッチングには，さまざまな方法があり，これらの例のように，研究や学習の成果は，身近な問題へも応用可能なのです。

SUMMARY ●まとめ

- □ 1 経済理論を応用して，取引のための場（市場）や制度（ルール）をデザインして，社会の問題を解決することを目的としている研究分野をメカニズム・デザイン，または，マーケット・デザインと呼ぶ。
- □ 2 マーケット・デザインには，マッチングとオークションの 2 つの柱があり，どちらも配分のルールを研究する。
- □ 3 「よい」制度の指標として，耐戦略性，安定性の考え方がある。

1. お花の卸売り市場等で用いられる競り下げ式オークションについて調べてみましょう。
2. マッチング市場で次の市場は何と何のマッチングか考えてみましょう。
   1 就職市場
   2 臓器移植
   3 ゼミ配属
3. マッチング市場・オークション市場のいずれか1つをピックアップして調べて，次の点を教えてください。
   1 それはどこの市場ですか？
   2 その参加者は誰/何ですか？
   3 どういう制度・ルールで結果が決まっているのか説明してください。
   4 この制度に対する改善点やコメントを教えてください。
4. （プログラミング練習問題）　前章までに作成した［chusen］の人数を5人に拡張し，希望者のうち2人が抽選に当たる（［Atari.html］に遷移する）ようにプログラムを書き換えてみましょう。
5. （プログラミング練習問題）　2財がオークションにかけられるようなシステムを構築し，その場合のプログラム作成で気をつけなければならない点を書き出してみましょう。

心理学と経済学の融合

行動経済学

イントロダクション

　本書では，さまざまな実験を紹介してきました。その中で，伝統的な経済学が仮定する意思決定プロセスに基づいた理論予測と実験結果を比較し，必ずしも理論的な予測通りの結果が得られるわけではないことも見てきました。また，被験者実験は心理学でも数多くなされ，人間の行動に関しての数々の知見が蓄積されています。たとえば，第3章では**現在バイアス**という人々が今現在の利得や損失を，将来のそれらと比べて過大に評価してしまう傾向を紹介しました。本章では，心理学や実験経済学で蓄積されてきた人々の行動特性を理論モデルに反映させた新しい経済学の一分野である**行動経済学**とその応用について，簡単に紹介します。

¹ 期待効用理論とプロスペクト理論

第1章でも取り上げたリスクがある状況での意思決定に関して考えていきましょう。

▌実験で考える：個人の意思決定

それでは，最初に実験を行いましょう。**実験 10.1** のそれぞれの質問で，どちらの選択肢を選ぶか答えてください。

実験 10.1

どちらの選択肢を選びますか？

- 質問 1
  - A　80% の確率で 4000 円を獲得，20% の確率で 0 円を獲得
  - B　100% の確率で 3000 円を獲得
- 質問 2
  - C　20% の確率で 4000 円を獲得，80% の確率で 0 円を獲得
  - D　25% の確率で 3000 円を獲得，75% の確率で 0 円を獲得
- 質問 3
  - E　80% の確率で 4000 円を失い，20% の確率で 0 円を失う
  - F　100% の確率で 3000 円を失う

▌理論で考える：期待効用理論

第1章の**実験 1.1** の質問 1 から質問 5 を見返してみてください。今，これらの質問での単位は円だとすると，選択肢 A を選ぶと 400 円または 100 円のどちらかがそれぞれ 50% の確率で獲得できる一方，選択肢 B を選ぶと，質問によって，150 円，200 円，250 円，300 円，350 円のいずれかを確実に獲得できるというものでした。

この実験でのあなたの各選択肢に対する反応は，選択肢 A の期待値である 250 円と選択肢 B の期待値であるそれぞれの獲得金額の比較だけに基づいたものとは限らなかったと思います。期待値の比較に基づいて意思決定した方は，

最初の2問では選択肢Aを，最後の2問では選択肢Bを選び，3問目では，選択肢AかBのどちらかをランダムに選ばれたことでしょう。これ以外の選択をされた方は，どのような比較に基づいて選択していたのかを理論的に考えてみましょう。

通常，経済学では，ある人が，ある選択肢を選ぶことから得られる満足度を**効用**（utility）を用いて表現することが多いです。効用とは，うれしさ（満足度）を数字で表現したものです。たとえば，400円を獲得したときと100円を獲得したときそれぞれの満足度・うれしさを数字で表してみてください。

あなたは400円獲得したときと，100円獲得したときのどちらのうれしさの数値が高かったでしょうか？ ここでは，400円，100円といった金額を獲得したときの満足度を考えてみましたが，たとえば，ホットケーキやハンバーグを食べたときの満足度に関しても数値化して見ることができ，そうすることで，選ぶことや比較することを理論的に表現することができます。

Y円を獲得することから得られる効用を$u(Y)$という**効用関数**を用いて表すことにしましょう。$u(Y)$の値は，Yの値が大きくなるほど大きくなることが想像できると思います。第1章の**実験1.1**では，選択肢Aを選ぶと400円または100円のどちらかがそれぞれ50%の確率で獲得できるので，選択肢Aを選ぶことから得られる**期待効用**は，

$$50\% \times u(400) + 50\% \times u(100)$$

と書けます。これは，期待値を計算したときと同様，400円と100円をそれぞれ得られる満足度（効用）である$u(400)$と$u(100)$に，それぞれが得られる確率である50%を掛けて足したものです。

今，この人が，最初の1問では選択肢Aをそして残りの4問では選択肢Bを選んだとします。選択肢Bを選ぶと，質問1では確実に150，質問2では確実に200獲得できるので，

$$u(150) \leq 50\% \times u(400) + 50\% \times u(100) \leq u(200)$$

であったことがわかります。つまり，この人にとって，半々の確率で400円か100円を獲得することの（期待）効用は，150円を確実に獲得することの効用

　リスク態度と，リスクを伴う選択肢の確実性同値とその期待値の関係は，次のとおりまとめることができます。

- リスク愛好的な人：確実性同値が期待値より大きい人
- リスク中立的な人：確実性同値が期待値と等しい人
- リスク回避的な人：確実性同値が期待値より小さい人

　リスク態度は人によって異なり，**実験 1.1** のような経済実験を用いて，測定することができます。実際に測定する際には，質問 1 から質問 5 のようなリストをより設問数を増やしたうえで準備し，実験終了後にどれか 1 つの質問が無作為に選ばれ，その選ばれた質問での参加者が選んだ選択肢とその結果に基づいて謝金が支払われます。このように経済実験では，参加者の選択が参加者の受け取る謝金の額に影響を与えるように実験を設計することを通じて，選択に伴うトレードオフを明確に取り入れているのです。

以上で，200 円を確実に獲得することの効用以下だったと理解できます。

　ある人にとって，選択肢 A のようにリスクがある選択肢から得られる効用と等しい効用が得られ，かつ，確実に獲得できる金額をリスクのある選択肢の**確実性同値**（certainty equivalence）と呼びます。確実性等価・確実同値額と呼ばれることもあります。確実性同値を CE 円としたうえで，効用関数を用いて表すと，

$$50\% \times u(400) + 50\% \times u(100) = u(CE)$$

となります。上記の例では，CE は 150 円から 200 円の間となります。この例のようなリスク回避的な人の確実性同値は，リスクのある選択肢の期待値よりも低くなる一方で，リスク愛好的な人の確実性同値は，期待値より高くなります。

　では，**実験 10.1** に戻って，期待効用理論に基づいて考えてみましょう。多くの人々がリスク回避的であることが知られているので，質問 1 では B を選んだ人が他の質問でどの選択肢を選ぶかを考えます。

　質問 1 で B を選んだリスク回避的な人の A と B の評価は

$$u(3000) \geq 0.8u(4000) + 0.2u(0)$$

のように表すことができます（ここで，0.8 = 80%，0.2 = 20% であることを留意してください）。この不等式の両側に 0.25 を掛けると

$$0.25u(3000) \geq 0.2u(4000) + 0.05u(0)$$

となります。そのうえで，両辺に $0.75u(0)$ を足すと

$$0.25u(3000) + 0.75u(0) \geq 0.2u(4000) + 0.80u(0)$$

となります。最後のこの不等式の左辺は質問2の選択肢Dの期待効用，右辺は選択肢Cの期待効用に対応します。ですので，期待効用理論に基づくと，質問1で選択肢Bを選んだ人は，質問2では選択肢Dを選ぶと予測されます。

　次に質問3を考えましょう。リスク回避的な人にとって，リスクがある選択肢の確実性同値（CE）は，その選択肢の期待値よりも低いことはすでに見ました。つまり，

$$0.8u(-4000) + 0.2u(0) = u(CE)$$

としたとき，$CE \leq 0.8 \times (-4000) = -3200$ なはずです。今，CE の値をこの範囲で最大である -3200 としましょう。効用は受け取る金額に対して増加するはずなので，

$$0.8u(-4000) + 0.2u(0) = u(-3200) \leq u(-3000)$$

ですので，質問3では，Fが選ばれると予測できます。

実験結果を確かめる

　図 10.1 の（a）〜（c）に，各質問でそれぞれの選択肢を選んだ人の割合を示しています。質問1ではB，質問2ではC，質問3ではE，を選んだ人が多いことが見てとれます。

　期待効用理論に基づくと，質問1で選択肢Bを選んだ人は，質問2ではDを選ぶことが予想されました。また，質問1で選択肢Bを選んだ人は，リス

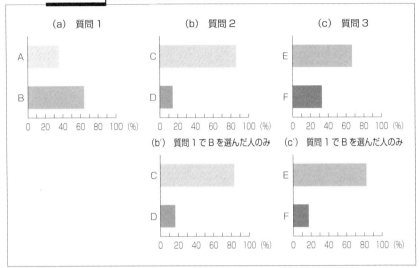

CHART | 図 10.1　実験 10.1 の結果

(a) 質問 1

A

B

0　20　40　60　80　100 (%)

(b) 質問 2

C

D

0　20　40　60　80　100 (%)

(c) 質問 3

E

F

0　20　40　60　80　100 (%)

(b′) 質問 1 で B を選んだ人のみ

C

D

0　20　40　60　80　100 (%)

(c′) 質問 1 で B を選んだ人のみ

E

F

0　20　40　60　80　100 (%)

ク回避的なので，質問 3 では F を選ぶことが予測されました。しかし，図
10.1 の（b′）（c′）を見ると，質問 1 で選択肢 B を選んだ多くの人は質問 2 で
は C，質問 3 では E を選んでいて，期待効用理論では説明がつかない行動を
とっています。

意思決定理由：実験 10.1

- 質問 1

A　A の期待値は 3200 で，B の期待値は 3000 なので A を選ぶ。

B　期待値は小さいが，確実にもらえるから。

- 質問 2

C　期待値が高いから。

D　確実性を求めるため。

- 質問 3

E　確実にお金を失うよりは，少し額が大きくなっても失わない可能性がある方が
いいと思ったため。

F　損失が少なそうだから。

　行動経済学では，これら期待効用の枠組みでは説明できない実験結果を，
2002 年にノーベル経済学賞を受賞したダニエル・カーネマンと彼の共同研究
者で 1996 年に他界したエイモス・トベルスキーが 79 年に提案した**プロスペク**

ト理論（Kahneman and Tversky, 1979）で説明します。

プロスペクト理論

この意思決定のモデルは，人々の**主観的な確率評価**の仕方と**リスク態度**に対して次のような仮定を置きます。

- 主観的な確率評価の仕方：人々は結果が起こる客観的な確率を提示された場合，小さい確率は過大評価する（たとえば5%の確率で起きることをあたかも10%で起きるかのように評価する）一方で，十分に大きいが100%未満の確率は過小評価する。つまり，100%の確率で起きることは確実に起きると評価する一方，たとえば95%の確率で起きることは，あたかも85%の確率で起きるかのように評価する。

- リスク態度：人々のリスク態度は，利益局面にいるのか，損失局面にいるのかで変わる。人々は損失を嫌い（**損失回避**），損失を回避するためには危険を冒す。

主観的な確率評価においては，確実に（100%で）起こることと80%で起こることを比較すると，前者は100%で起こると評価する一方で，後者は70%やより低い確率で起こると評価するため，後者の過小評価につながります。一方で，25%や20%で起こることの間では，そのような確率評価の歪みの影響が小さいことを示唆します。よって，質問1で，100%の確率で獲得できる3000円は，80%の確率で獲得できる4000円よりも過大に評価されるために，Bを選ぶ一方で，質問2のように，それらが，25%と20%の確率である場合は，どちらかが過大に評価されることがないので，Cを選ぶのです。

リスク態度が利益局面か損失局面かで変わることは，利益が得られるような局面ではリスク回避的な人々であっても，損失を回避するためにはリスク愛好的な選択をすることを示します。**実験10.1**の質問1と質問2は利益局面（お金を獲得する局面）で，質問3は損失局面（お金を失う）の質問でした。利益局面ではリスク回避的な人が，損失局面では損失を避けるためにリスク愛好的になるのであれば，質問1でBを選んだ人でも，質問3でEを選ぶわけです。

不公平回避と他人への気配り

| 実験で考える |

　第3章の，公共財ゲームの実験では，全員に社会的プロジェクトへの投資は0という支配戦略があるような状況でも，全員がそれを選択するわけではなく，すべてのグループで社会的に最も望ましくない状況が実現するわけではないことを観察しました。同様の結果は，第1章で考察した社会的ジレンマゲームでも観察されました。

　この点をさらに考えるために，次の実験を行いましょう。

実験 10.2

　誰かとランダムにペアになります。相手はわかりません。あなたはプレイヤー1（先手）またはプレイヤー2（後手）になります。1000を100刻みで分けあいます。あなたとあなたの相手の意思決定により，あなたのポイントが決まります。プレイヤー1（先手）：分けあう金額の提案をします。プレイヤー2（後手）：プレイヤー1の提案を［受け入れ］るか［拒否］するか決定します。

　受け入れ：プレイヤー1が提案した金額がそれぞれもらえる。

　拒否：プレイヤー1もプレイヤー2も何ももらえない（0ずつ）。

　質問1と2は，個人の意思決定として考えてみてください。

- 質問1：あなたがプレイヤー1（先手）となったとします。プレイヤー2（後手）に提案する配分を決定してください。
- それはなぜですか？
- 質問2：あなたがプレイヤー2（後手）となったとします。あなたに配分される金額がいくら以上であればその提案を受け入れますか？
- それはなぜですか？

　質問3と4は，2人1組のペアで実施することを考えます。質問1・2の回答と変わっても問題ありません。

- 質問3：あなたはプレイヤー1（先手）になったとします。受け取った1000のうち，プレイヤー2にいくら送りますか？　実際に誰かに分け与えることを想定してください。

- それはなぜですか？
- 質問4：あなたはプレイヤー2（後手）になったとします。先手は，先手自身に700，あなたに300という配分を提案しました。このときあなたは受け入れますか？ 拒否しますか？
- それはなぜですか？

実験10.3

誰かとランダムにペアになります。相手はわかりません。あなたはプレイヤー1（先手）またはプレイヤー2（後手）になります。1000を100刻みで分けあいます。あなたとあなたの相手の意思決定により，あなたのポイントが決まります。プレイヤー1（先手）：分けあう金額の提案をします。プレイヤー2（後手）：プレイヤー1の提案をそのまま受け入れます。意思決定はしません。
- 質問：2人1組のペアで実施することを考えます。あなたはプレイヤー1（先手）になったとします。受け取った1000のうち，プレイヤー2にいくら送りますか？
- それはなぜですか？

実験10.4

誰かとランダムにペアになります。相手はわかりません。あなたはプレイヤー1（先手）またはプレイヤー2（後手）になります。実験が始まると，プレイヤー1もプレイヤー2も，実験者から500ずつ受け取ります。そのうえで，プレイヤー1は，自分受け取った500のうちのいくらかをプレイヤー2に与えるか，プレイヤー2が受け取った500のうちのいくらかを奪うことができます。与えず，奪わないという何もしない選択も可能です。与える・奪う金額は，500を100刻みで決定することができます。プレイヤー2は，プレイヤー1から送られた金額を受け取る，または，プレイヤー1に取り上げられた金額を渡して実験終了です。

プレイヤー1（先手）：何もしない・与える・奪う金額の提案をします。

プレイヤー2（後手）：プレイヤー1の提案をそのまま受け入れます。意思決定はしません。
- 質問：2人1組のペアで実施することを考えます。あなたはプレイヤー1（先手）になったとします。どの選択肢を選びますか？
  - ・何もしない　　・100ポイント奪う　　・100ポイント与える
  - 　　　　　　　　・200ポイント奪う　　・200ポイント与える
  - 　　　　　　　　・300ポイント奪う　　・300ポイント与える

理論で考える：部分ゲーム完全均衡

　実験 10.2 は，**最後通牒ゲーム**と呼ばれるゲームの実験です。実験 10.2 の質問 2 では，プレイヤー 2 に，先手から送られたきた金額を見てから「受け取るか」「受け取らないか」を決めてもらうのではなく，先手が選択しうるすべての金額に対して，あらかじめ，受け取るか，受け取らないかを決めてもらっています。このように，起こりうるさまざまな状況に対して，あらかじめ意思決定をしておいてもらう実験方法を，**戦略法**といいます。戦略法では，それぞれのプレイヤーに意思決定をしてもらっておいたあとで，実際のプレイヤー 1 の提案と，プレイヤー 2 の応答を付き合わせることでゲームの結果が決まります。一方で，この実験の質問 3 と 4 では，まずプレイヤー 1 に意思決定をしてもらい，プレイヤー 2 には，プレイヤー 1 からの提案を実際に受け取ったあとに意思決定をしてもらっています。このような実験方法を，**直接法**と呼びます。

　では，第 2 章で学んだ部分ゲーム完全ナッシュ均衡の考え方で，実験 10.2 の最後通牒ゲームを考えてみましょう。ここでは，本書でこれまで仮定してきたように，すべてのプレイヤーは「自らの物質的（金銭的）利得を最大化するように行動し」，また，すべてのプレイヤーが，すべてのプレイヤーがそのように行動することを知っているという仮定を置きます。

　まずプレイヤー 2 ですが，プレイヤー 1 が G 円送ってきた際に，それが 0 円よりも多ければ，その金額を受け取った方が，受け取らずに 0 円を受け取るよりも利得が高くなるので，受け取るを選ぶでしょう。このプレイヤー 2 の行動を見越して，プレイヤー 1 は，B が受け取るであろう最低金額，つまり 100 円を送ると決め，プレイヤー 2 はそれを受け入れる結果，利得はプレイヤー 1 が 900，プレイヤー 2 が 100 となります。

　実験 10.3 は，**独裁者ゲーム**と呼ばれます。このゲームの部分ゲーム完全均衡を考えてみましょう。このゲームでは，最後通牒ゲームと違って，プレイヤ

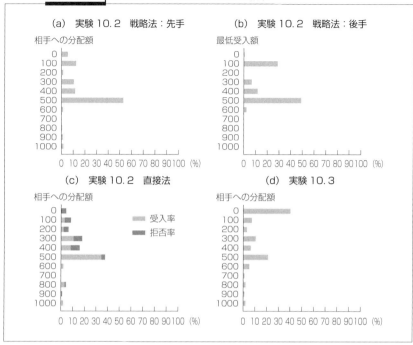

（a）実験 10.2　戦略法：先手

（b）実験 10.2　戦略法：後手

（c）実験 10.2　直接法

（d）実験 10.3

ー2に提案を拒否するという選択肢がありません。ですので，プレイヤー1は，プレイヤー2に0円を送ると決め，利得はプレイヤー1が1000，プレイヤー2が0となります。

　実験 10.4 も独裁者ゲームですが，実験 10.3 とは違って，プレイヤー1にはプレイヤー2に最大500まで送るという選択肢に加えて，プレイヤー2から最大500まで奪うという選択肢があります。ただ，プレイヤー1とプレイヤー2がそれぞれ最終的に受け取ることが可能な金額は，実験 10.3 と同様，0から1000まで，100刻みとなっています。この独裁者ゲームでも，プレイヤー2に提案を拒否することはできませんので，部分ゲーム完全均衡では，プレイヤー1がプレイヤー2から500奪い，利得はプレイヤー1が1000，プレイヤー2が0となります。

意思決定理由：実験 10.2

- 戦略法（先手）
  - 折半にすることで相手に受け入れてもらい互いに同じ額を受け取るため。
  - 相手は拒否しても何もメリットがないので，1 以上なら受け入れた方が得であり，その場合，こちらはぎりぎりまで自分の利得を上げればよいから。
- 戦略法（後手）
  - 300 であれば受け入れてもいいと思ったから。
  - もらえないよりはましだから。
- 直接法　先手は相手に 300 を提案し，後手は拒否を選択したペア
  先手　提案を拒否して，先手に罰則をあたえ，0 ポイントになるより，300 ポイントを素直にもらった方がいいと相手が考えると予想されるから。相手の利得が 200 ポイント以下であると，受け入れてもらえなさそう。
  後手　明らかに自分のポイントのほうが少なくて損するから。

意思決定理由：実験 10.3

- 500 より少ない額を相手に配分した人
  - 相手は拒否することができないため，今回は自分の利得のみを優先すべきと考えたから。
  - 自分の利益を最大化したい。相手は 100 ポイントでも利益があり，得だから。
- 500 を相手に配分した人
  - 相手が意思決定をしない場合でもこちらは平等を貫きたいと思ったからです。
  - 公平。
- 500 より多い額を相手に配分した人
  - 相手の意思選択がないため。

　図 10.2 の（a）（b）で戦略法に基づいた最後通牒ゲームの結果を見て見ましょう。部分ゲーム完全均衡の予測とは異なり，多くのプレイヤー 1 が 1000 をプレイヤー 2 と平等に分ける提案を選んでいるのが観察されます。理論的な予測と同じく自分に 900，相手に 100 を提案している参加者は 1 割程度です。残りの 2 割は，自分に 600 か 700，相手に残りという提案を選んでいます。

　プレイヤー 2 は，理論が予測するように，最低 100 自分がもらえるのであれば提案を受け入れるとしている参加者が 3 割弱いる一方で，半数近い参加者が最低 500 自分にもらえれば提案を受け入れると回答しています。図 10.2 の

(c) の直接法でも，プレイヤー 1 の多くが半々に分けるという提案をしており，その大部分が受け入れられている一方，プレイヤー 2 に渡す金額が 400 以下の提案の大部分が拒否されていることが見てとれます。

なぜ多くのプレイヤー 2 役の参加者は，小さい金額だと受け取らないと回答するのでしょうか？　この理由として，多くの参加者はたまたまプレイヤー 1 になった参加者があまりに多くの金額を受け取るのは「不公平」だと感じるため，そのような不公平な金額を送るプレイヤー 1 に対しては，たとえ自分の受け取る金額が 0 円になったとしても，提案を拒否して，プレイヤー 1 の利得も 0 円にすることを選ぶと答えることが多いです。そして，プレイヤー 1 も，あまりに低い金額を送ると，プレイヤー 2 がそのように感じて受け取りを拒否することを理解しているからこそ，プレイヤー 2 が「拒否」を選ばないであろう十分に高い金額を送っているのでしょう。このことは，プレイヤー 2 の意思決定がない**実験 10.3** の独裁者ゲームでは，自分が全額をとるという意思決定をする参加者が増えていることからも見てとれます。

一方で，**図 10.2** の (d)，独裁者ゲームにおいても，相手にいくらか渡す参加者がそれなりの数いることも観察されます。このことから，人間は経済学の分析で通常仮定する「自らの物質的（金銭的）利得を最大化するように行動する」わけではないことが見てとれます。

実験 10.4 は，**実験 10.3** の独裁者ゲームに選択肢を増やした拡張版のゲームです。

意思決定理由：実験 10.4

- 何もしない
  - ・今後も友好的な関係が築けそうだから。
  - ・損はしたくないので与えない，罪悪感が残るので奪うこともしたくない。
- 与える
  - ・100 円を相手に与えることで，思いやりの連鎖を作ることができるかもしれないと思ったからです。
- 奪う
  - ・後手に意思決定権がないから。
  - ・できるだけ多く奪って，自分の利得を最大化したいが，せっかく与えられたポイントを奪うのは残酷なので，少しだけもらおうと思った。

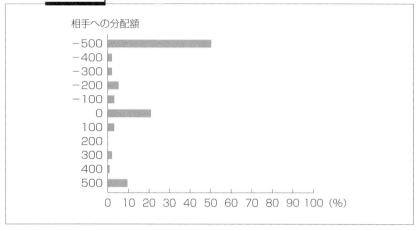

　みなさんは，**実験 10.2** と **実験 10.3** の結果とそれに関しての考察に基づいて，**実験 10.4** ではどのような結果が観察されると予測しましたか？　**実験 10.2** では不公平な結果を避けようとする参加者が多く観察された一方で，**実験 10.3** では，全額自分で取った参加者も多くいたことを考えると，**実験 10.4** では，「何もしない」（で，お互い 500 獲得する）ことを選ぶ参加者か，相手から 500 を奪うことを選ぶ参加者が多くなるのではと予測されたのではないでしょうか？

　図 10.3 から，大部分の参加者が 500 を奪うと答えていることが見てとれます。さらに，その割合は，**図 10.2** の全額自分で取った参加者の割合よりも高くなっています。

　この結果は，リスト（List, 2007）がアメリカで，バーズレイ（Bardsley, 2008）がイギリスで，カペレンら（Cappelen et al., 2013）がデンマークで，クルプカとウェーバー（Krupka and Weber, 2013）がアメリカで，それぞれ実施した実験結果と同様です。これらの研究は，**実験 10.3** のように与えるという選択肢しかない実験では，多くの参加者が手持ちの金額の半分程度を相手に渡すのに対して，**実験 10.4** のように，相手から取り上げるという選択肢が加わると，半数以上が，相手から取り上げるという選択肢を選び，相手に与えるという選択肢を選ぶ人はほんの少数になることを報告しています。

　これらの実験結果が示すのは，参加者はゲームの結果生じる配分の不公平感を避けようとしているだけではなさそうだということです。クルプカとウェー

バー（Krupka and Weber, 2013）は、**実験 10.3** と**実験 10.4** に関して、プレイヤー 1 のそれぞれの選択がどの程度社会的に適切かを測定する実験も別途実施しています。

たとえば、**実験 10.3** では、0 円送る、100 円送る、……、500 円送る、……、1000 円送るという 11 の選択それぞれに対して、実験参加者に、①社会的に不適切、②ある程度社会的に不適切、③ある程度社会的に適切、④社会的に適切という 4 段階に評価してもらい、同様に、**実験 10.4** では、500 円取り上げる、400 円取り上げる、0 円取り上げる（送る）、100 円送る、……、500 円送るのそれぞれに対して同様の評価をしてもらうという形の実験です。

実験 10.3 では、0 円や 100 円を送るのは社会的に不適切、200 円や 300 円送るのはある程度社会的に不適切、400 円送るのはある程度社会的に適切、500 円以上送るのは社会的に適切だと評価される一方で、**実験 10.4** では、0 円を送る・取り上げる、または 100 円以上送るのは社会的に適切、100 円や 200 円を取り上げるのはある程度社会的に不適切、300 円以上取り上げるのは、社会的に不適切と評価されることがわかりました。このため、彼らは、人々は、社会的な規範に沿って行動すること（社会的に適切と評価される行動をすること）を好み、それから逸脱する精神的な費用と金銭的な費用を比較し、意思決定しているのではないかと仮説を立てています。この仮説に基づくと、**実験 10.4** では、小額でも相手からお金を取り上げることは社会的に不適切と判断されるため、どうせ取り上げるのであれば、全額取り上げるという行動も説明できます。

そのほかにも、第 3 章で紹介した現在バイアスをはじめ、心理学や実験経済学の研究は、人々には伝統的な経済学が仮定しているものとは異なる、さまざまな行動特性があることを示しています。これらの行動特性を明示的に理論モデルに取り入れたさまざまな分野の研究（行動産業組織論、行動ゲーム理論など）も近年精力的に進められています。

3 ナッジ

　心理学や実験経済学を含む**行動科学**の研究が明らかにしてきた人々の行動特性を考慮して，個人の意思決定の自由を保障しながら，人々の行動をより望ましい方向に変化させる仕組みを考え，それを実践する取り組みも増えてきました。このような取り組みは**ナッジ**と呼ばれ，ノーベル経済学賞を 2017 年に受賞したリチャード・セイラーが，法学者のキャス・サンスティーンとともに 2008 年に出版した著書 *Nudge: Improving Decisions About Health, Wealth, and Happiness* で広く知られるようになりました。この本は 2021 年に最終版（The final edition）が出版され，2022 年にはその邦訳『NUDGE 実践 行動経済学 完全版』（遠藤真美訳，日経 BP）も出版されています。Nudge とは，英語で「そっと後押しする」という意味なのですが，この言葉からもわかるように，ナッジは，法律や罰金などを用いて行動を変化させるのではなく，あくまで人々の意思決定の特性を考慮し，人々に伝えるメッセージを変えたり，選択肢の提示の仕方を変えたりすることで，人々の行動を変化させるのを後押しするものなのです。

　たとえば，コロナ禍にスーパー等のレジ前に貼られた足元のシールは，買い物客に自然と距離をとって待ってもらうためのナッジですし，広島県が近年用いている「これまで，災害時に避難した人は，まわりの人が避難したからという方がほとんどでした。あなたが避難することが，みんなの命を救うことにつながります。地域で声を掛け合って，早めに適切な避難をしてください」というメッセージは，人間の社会的規範に従う（みんなが避難しているから避難する）という特徴と利他性（みんなの命を救う）という特徴に働きかけることで災害時の早期避難を促すナッジの例です。ほかにも，中部管区・関東管区警察局は，宿直明けの休暇取得を促すために申請書式を改良し，従来は宿直明けに休暇を取得することを申請していた（初期設定は休暇を取得しない）ものを，休暇を取得しないことを申請する（初期設定は休暇を取得する）ように変更したそうですが，これも，人間は**初期設定**（**デフォルト**とも呼ばれます）となっているものを

選ぶ傾向があることを利用したナッジです。

　このような知見を，自治体の提供する行政サービスにも生かす取り組みも広がっており，そのような事例が，自治体ナッジシェア（2023年6月時点URL：https://nudge-share.jp/）というウェブサイトにも紹介されています。

SUMMARY ●まとめ

- □ 1　心理学や実験経済学の成果を理論分析に取り入れている経済学の分野を行動経済学と呼ぶ。
- □ 2　リスクのある状態での意思決定に関して，従来の期待効用理論では説明できない実験結果がある。実験結果をよりよく説明できる理論的な枠組みの1つにプロスペクト理論がある。
- □ 3　人々は，常に自分の物質的（金銭的）な利得を最大化するように行動しているわけではなく，他の人との間の不公平感や，社会的な規範等を考慮しながら行動している。
- □ 4　心理学や実験経済学をはじめとした行動科学の研究成果に基づいて，選択肢の見せ方やメッセージを変更することで，個人の意思決定の自由を保障しながら，人々の行動をより望ましい方向に変化させるナッジの活用が進んでいる

EXERCISE ● 練習問題

1　実験10.2〜10.4を展開形ゲームとして考え，図にして表してみてください。
2　あなたの周りにある身近なナッジの事例を街の中で探してみましょう。
3　下記のとおりレポートを作成してください。
（a）ニュースを1つピックアップしてください。
　　a-1）題名：記事のタイトル
　　a-2）引用場所（1つだけではなく，ほかにもあれば複数可）：URLや新聞・雑誌名など，誰が見ても特定できる場所
（b）ピックアップしたニュースの概要・問題点をまとめてください。
（c）ピックアップしたニュースが表している状況が，この本の（あるいは経済学の）どの用語に当てはまると考えたか教えてください。

(d) d-1) (c) の用語を説明してください。

　　 d-2) (c) の用語を説明するために使用した教科書，URL などがあれば教えてください（複数可）。

(e) なぜこのニュースが (c) の経済学のその用語に当てはまる状況だと思ったのか教えてください。

(f) このニュースの問題を解決する方法を考えて教えてください。

4 （プログラミング練習問題） 前章までで作成した [chusen] について，下記のとおりレポートを作成してみましょう。

(a) 抽選システムを自分の言葉で説明してください。

(b) あなたの作ったシステムは，どのような抽選に使用できるでしょうか。

(c) 現実の抽選システムの事例を調べ，あなたのシステムとの類似点と相違点についてまとめてください。

(d) システム構築にあたって，色の変更など実際に使う人のことを考えて工夫した点があれば教えてください。

5 （プログラミング練習問題） この章のプログラムを参考にして，次のプログラムを新たに構築してみましょう。2 人 1 組で，どちらかが先手，どちらかが後手になります。先手は手持ちのポイントから，相手に送る額を決定します。送らなかった額は，手元に残り，自分のものとなります。後手は，先手が送った額の 3 倍の額を受け取り，その受け取った額から先手に送り返す分を決定します（このようなゲームは，信頼ゲームと呼ばれます）。

おわりに

　本書では，参加型の実験を通じて，ミクロ経済学の基礎的な概念を紹介しました。読者のみなさんは，理論的な予測と実験結果を比較することを通じて，理論が仮定している人間の意思決定に関しての仮定や，実験の実施方法そのものに関しても，多くのことを考えられたのではないかと思います。

　経済学に実験的な手法が明示的に取り入れられるようになってから，半世紀以上が過ぎました。その間，実験的な手法は，経済理論を検証するためだけではなく，さまざまな政府の政策の効果を検証するためにも利用されるようになりました。20世期後半まで，経済学は天文学同様，実験はできない学問であると広く考えられていたなどとは，今では信じられないぐらい，実験は経済学研究にとって欠かせないものとなっています。

　本書を手に取ってくださったみなさんを通じて，経済学教育にも実験が広く用いられるようになることを願っています。

さらに学びたい方へ

　以下に，本書で紹介した内容をより深く学びたい方向けに，参考文献を紹介しておきます。

実験経済学をさらに学ぶには：
- 川越敏司（2007）『実験経済学』東京大学出版会
- 和田良子（2020）『実験経済学・行動経済学 15 講』新世社

ミクロ経済学の基礎を学ぶには：
- 安藤至大（2021）『ミクロ経済学の第一歩（新版)』有斐閣

ゲーム理論とその応用を学ぶには：
- ロバート・ギボンズ（福岡正夫・須田伸一訳）（2020）『経済学のためのゲーム理論入門』岩波書店
- 渡辺隆裕（2008）『ゼミナール ゲーム理論入門』日本経済新聞出版

第6章で扱った不完全競争の分析を含めて，産業組織論を学ぶには：
- 花園誠（2018）『産業組織とビジネスの経済学』有斐閣

第7章で扱った情報の非対称性が引き起こす諸問題をより詳しく学ぶには：

- 石田潤一郎・玉田康成（2020）『情報とインセンティブの経済学』有斐閣

第9章で扱ったマーケット・デザインをより詳しく学ぶには：

- 川越敏司（2021）『基礎から学ぶマーケット・デザイン』有斐閣
- ギオーム・ハーリンジャー（栗野盛光訳）（2020）『マーケットデザイン：オークションとマッチングの理論・実践』中央経済社
- 土橋俊寛（2018）『ヤフオク！の経済学：オンラインオークションとは』日本評論社

第10章で扱った行動経済学を学ぶには：

- 大垣昌夫・田中沙織（2018）『行動経済学：伝統的経済学との統合による新しい経済学を目指して（新版)』有斐閣
- 川越敏司（2020）『行動ゲーム理論入門（第2版)』NTT出版
- 室岡健志（2023）『行動経済学』日本評論社

ナッジを学ぶには：

- 大竹文雄（2019）『行動経済学の使い方』岩波新書

がそれぞれ参考になります。

参 考 文 献

Abdulkadiroğlu, Atila and Tayfun Sönmez (2003) "School Choice: A Mechanism Design Approach," *American Economic Review*, Vol. 93, No. 3, pp. 729-747.

Akerlof, George A. (1970) "The Market for 'Lemons': Quality Uncertainty and the Market Mechanism," *Quarterly Journal of Economics*, Vol. 84, No. 3, p. 488-500.

Bardsley, Nicolas (2008) "Dictator Game Giving: Altruism or Artefact?" *Experimental Economics*, Vol. 11, pp. 122-133.

Becker, Gary S. (1962) "Irrational Behavior and Economic Theory," *Journal of Political Economy*, Vol. 70, No. 1, pp. 1-13.

Bergstrom, Theodore and John Miller (1999) *Experiments with Economic Principles: Microeconomics*, 2nd ed.: McGraw-Hill.

Cappelen, Alexander W., Ulrik H. Nielsen, Eric O. Sorensen, Bertil Tungodden, and Jean-Robert Tyran (2013) "Give and Take in Dictator Games," *Economics Letters*, Vol. 118, No. 2, pp. 280-283.

Charness, Gary and Martin Dufwenberg (2006) "Promises and Partnership," *Econometrica*, Vol. 74, No. 6, pp. 1579-1601.

Chen, Daniel L., Martin Schonger, and Chris Wicken (2016) "oTree—An Open-Source Platform for Laboratory, Online and Field Experiments," *Journal of Behavioral and Experimental Finance*, Vol. 9, pp. 88-97.

Crosetto, Paolo and Antonio Filippin (2013) "The 'Bomb' Risk Elicitation Task," *Journal of Risk and Uncertainty*, Vol. 47, No. 1, pp. 31-65.

Duch, Matthias L., Max R. P. Grossmann, and Thomas Lauer (2020) "z-Tree Unleashed: A Novel Client-Integrating Architecture for Conducting z-Tree Experiments over the Internet," *Journal of Behavioral and Experimental Finance*, Vol. 28, 100400.

Gale, David and Lloyd S. Shapley (1962) "College Admissions and the Stability of Marriage," *American Mathematical Monthly*, Vol. 69, No. 1, pp. 9-15.

Gode, Dhananjay K. and Shyam Sunder (1993) "Allocative Efficiency of Markets with Zero-Intelligence Traders: Market as a Partial Substitute for Individual Rationality," *Journal of Political Economy*, Vol. 101, No. 1, pp. 119-137.

Gneezy, Uri and Jan Potters (1997) "An Experiment on Risk Taking and Evaluations Periods," *Quarterly Journal of Economics*, Vol. 112, No. 2, pp. 631-645.

Holzmeister, Felix and Matthias Stefan (2021) "The Risk Elicitation Puzzle Revisited: Across-Methods (In) Consistency?" *Experimental Economics*, Vol. 24, pp. 593-616.

Kahneman, Daniel and Amos Tversky (1979) "Prospect Theory: An Analysis of Decision under Risk," *Econometrica*, Vol. 47, No. 2, pp. 263-292.

Kreps, David M. (2019) *Microeconomics for Managers*, 2nd ed.: Princeton University Press.

Krupka, Erin L. and Roberto A. Weber (2013) "Identifying Social Norms Using Coordination Games: Why Does Dictator Game Sharing Vary?" *Journal of European Economic Asso-*

ciation, Vol. 11, No. 3, pp. 495-524.

List, John A. (2007) "On the Interpretation of Giving in Dictator Games," *Journal of Political Economy*, Vol. 115, No. 3, pp. 482-493.

Palacios-Huerta, Ignacio (2003) "Professionals Play Minimax," *Review of Economic Studies*, Vol. 70, No. 2, pp. 395-415.

Pedroni, Andreas, Renato Frey, Adrian Bruhin, Gilles Dutilh, Ralph Hertwig, and Jörg Rieskamp (2017) "The Risk Elicitation Puzzle," *Nature Human Behavior*, Vol. 1, pp. 803-809.

Shimada, Natsumi (2022) "An Experimental Study on Strategic Preference Formation in Two-sided Matching Markets," ISER Discussion Paper No.1169.

Thaler, Richard H. and Cass R. Sunstein (2008) *Nudge: Improving Decisions about Health, Wealth, and Happiness*: Yale University Press.

Walker, Mark and John Wooders (2001) "Minimax Play at Wimbledon," *American Economic Review*, Vol. 91, No. 5, pp. 1521-1538.

池田新介 (2012) 『自滅する選択：先延ばしで後悔しないための新しい経済学』東洋経済新報社

石田潤一郎・玉田康成 (2020) 『情報とインセンティブの経済学』有斐閣

栗野盛光 (2021) 「経済理論を実践し社会経済制度をデザインするには」『月刊経団連』9月号，40-41頁，https://www.keidanren.or.jp/journal/monthly/2021/09/p40.pdf（2023年9月30日最終アクセス）

栗野盛光 (2024) 「定員調整可能なマッチングメカニズムのデザイン」『現代経済学の潮流2022』東京大学出版会

栗野盛光・島田夏美 (2021) 「車両速度の情報開示におけるドライバー意思決定問題実験」『応用経済学研究』第14巻，1-25頁

佐々木宏夫 (2004) 「マッチング問題とその応用：大学入学者選抜の事例研究」『日本オペレーションズ・リサーチ学会第51回シンポジウム「ゲーム理論と離散数学の出会い」予稿集』25-43頁

西野成昭・花木伸行 (2021) 『マルチエージェントのための行動科学：実験経済学からのアプローチ』コロナ社

ハーリンジャー，ギオーム（栗野盛光訳）(2020) 『マーケットデザイン：オークションとマッチングの理論・実践』中央経済社

藤井陽一朗・大谷剛 (2016) 「導入教育としての経済実験の有効性についての分析：ダブル・オークションを用いたアプローチ」『大阪産業大学経済論集』第17巻第3号，199-214頁

『日本経済新聞』2022年5月30日付電子版「熊本産アサリ　出荷拡大へ偽装防止策整い6月から」，https://www.nikkei.com/article/DGXZQOUE3084M0Q2A530C2000000/（2023年9月30日最終アクセス）

『日本経済新聞』2023年1月19日付電子版「北陸の寒ブリ・漁獲量3〜4倍　需要旺盛で値崩れなく」，https://www.nikkei.com/article/DGXZQOCC193JU0Z10C23A1000000/（2023年9月30日最終アクセス）

索　引

【有斐閣ストゥディア】

実験から始める経済学の第一歩
An Introduction to Economics through Experiments

2023 年 12 月 20 日　初版第 1 刷発行

著　者	花木伸行・島田夏美
発行者	江草貞治
発行所	株式会社有斐閣
	〒101-0051 東京都千代田区神田神保町 2-17
	https://www.yuhikaku.co.jp/
装　丁	キタダデザイン
印　刷	大日本法令印刷株式会社
製　本	大口製本印刷株式会社
装丁印刷	株式会社亨有堂印刷所